面對無禮之人 就要比他更無禮

무례한 사람에게 휘둘리지 않는 법

鄭宰熏——著
余映萱——譯

CONTENTS

PART 2

不再像以前一樣，因他人的三言兩語而受傷的原因

PART 3

懂得待人處世的人，在人際關係中會嚴格遵守的原則

PART 4

值得共處一生之人的共同特徵

PART 5

一定要瞭解的人際關係常識

PART 6

一定要切斷的人際關係

作者序

有句話說：「斧頭忘了，但樹木不會忘記。」雖然一把斧頭砍過許多樹木，它或許無法記住它砍過的每一棵樹木，但受到銳利斧頭帶來致命傷害的樹木卻會永遠記住那份痛苦。這句話同樣適用於人際關係。

做出沒水準的無禮舉動，給予他人無法抹滅的傷害之人，也許不會記得自己的所作所為，但受到這些無禮之人傷害的人們，將永遠記住那份傷害並感到痛苦。當一個人忍受到極限，再也無法忍受時，他展示自己所受的傷害給對方看，但對方的反應卻如預料中的一樣。「你為什麼在意這種事情？」「我受過來自其他人更嚴重的傷害！」「你太小心眼了吧？」明明只是期待這些無禮之人能夠理解，並不要求他們治療傷口，只是希望他們能真誠地道歉，但他們連這點都無法做到。因此，現在我們必須改變心態，不能誤以為無禮之人能夠理解我們的內心有多煎熬，我們必須清楚地意識到他們的態度不會有任何改變，並且做好應對的準備。

「我都表現得這麼明顯了，下次他應該不會再這樣做了吧！」「可能是我誤會了對方，我先等待一下，等到適當的時機再說吧！」沒有必要像這樣獨自忍耐、承受那份傷害。面對沒格調的無禮行為，我們需要以前所未有的堅定態度來應對。如果害怕與對方的關係惡化而無所作為，那麼即使需要將這段關係作個了結，也要採取明確的行動來保護自己。《面對無禮之人，就要比他更無禮》這本書著重於關注我們在生活中所面臨的眾多人際關係問題，並探討解決這些問題所需要具備的正確態度。

我真心期望這本書能幫助所有善良的讀者不再受到人際關係的傷害，希望本書成為各位堅定守護自己的處方箋。

PART 1

面對無禮之人要以無禮相待，他們才不會繼續放肆

01 在人際關係中具備這些特徵的人，有很高的機率不把別人當一回事

1. 總是讓人產生「我很好欺負嗎？」的想法

我以前有一位朋友，當時我們兩人關係很好，也常常在朋友聚會時碰面。不過，每當大家在聊天時，只要我開口說話，這位朋友就會打斷我發言，或者說：「你不是不太擅長那個嗎？」「感覺你對那個不太行耶？」他總是認為我很不足。通常只有在我和他單獨相處時，我才會反駁他，當他在大家面前做出這種舉動時我無法發火，便只能把怨氣壓在心裡。然而，這種行為變得越來越嚴重，最終我決定與這

位朋友絕交。

我發現，不把別人當成一回事的人，他們共同的特點之一就是「讓人感到被輕視」。這絕對不是因為你過於敏感，也不是因為你被害意識太強所致。這些人的言論絲毫沒有事實根據，只是覺得你好欺負罷了。他們似乎持有一種奇怪的心態，也就是「不管怎麼樣，你都在我之下。就算我對某個領域不太瞭解，我也一定比你瞭解」。因此，如果繼續和這些人待在一起，只會讓自己徒增困擾和煩惱，彷彿兩人的關係從一開始就是上下屬關係。即使情況稍微好轉一段時間，他們不久後又會再次以那種語氣企圖惹怒人。

2. 生氣就會被視爲敏感的人，但若以同樣方式回擊，他們就會板起臉孔

「喂！你是在生氣那件事嗎？」「那只是開個玩笑而已啦！」明明每一次都是

他們自己做出過分越線的言行舉止，對方生氣也很合理，但如果對方真的生氣了，他們卻會將對方視為易怒的敏感人。這類人，就算只有按照他們言行舉止踰矩程度的十分之一稍微回擊，他們也會暴怒或板起臉孔地說：「喂！你這話說得太過分了吧？」「你的態度這樣不對吧？」他們不會檢討自己的言行舉止是否有所失誤，反而一味期待對方能友善地包容且關懷他們。遇到這樣的人，你可能會想：「喔？他們這些舉動難道很合理嗎？」「莫非是我有錯嗎？」然而，希望你絕對不要這樣想，你並沒有做錯任何事情。是那些人很奇怪，他們將自己如同泰山般龐大的錯誤視為塵埃，不當一回事，卻把對方微不足道的失誤視為泰山般重大。這些人之所以會做出這種言行舉止，終究是因為他們根本就不把對方當一回事。

3.對待其他人的方式和對待你的方式截然不同

有些人對待其他人非常親切、超級良善，但對待你卻超級嚴厲又粗魯。正如一句名言所說：「若想瞭解一個人真正的本性，就去看他如何對待老朋友或父母吧！」最終，觀察一個人如何對待那些讓他感到自在並長期相處的人，就能夠揭示出他們真正的品性。即便他對待某人非常友善，但對你卻展現出完全不同的態度和行為，那麼很可能代表他完全不把你當一回事。就像這樣，面對那些不尊重和不關心你的人，無須浪費你珍貴的時間和情感。「只要他改進那一點就好⋯⋯他只要不做那件事就很好⋯⋯」不需要這樣思考，徒留一絲後悔和可能性。果敢地中斷關係，優先保護你自己的情感吧！人生光是用來與尊重你的好人共享美好時光，時間都不夠用了。

02 缺乏社交能力的人常用的說話方式

1. 明明可以直接帶過的話題，卻故意找碴

身邊總會有一種人，當別人提到自己在做某件事時，明明只要聽過去就好，有些人卻總是刻意找碴。

舉個例子，當有人說他正在準備公務員考試時，只需要說句「加油，我支持你！」就好，但他們卻說：「喂！現在連公務員都沒錢賺了，競爭率還很高呢！與其做公務員，我還寧願去做私人事業。」或者說：「我很清楚你的專注力，你那種

專注力不適合做公務員啦！那樣你會很辛苦的。」說得好像他們自己曾經考上公務員一般，給出自以為是的建議，讓對方感到不悅。就像這樣，有些話題明明直接帶過就好，缺乏社交能力的人卻偏偏要挑毛病，還當著對方的面把這些事情抖出來。他們相信自己講的話最符合現實，認為這是句句刺骨的忠告，不斷展現出不合常理的無禮。然而，我們完全不需要在意這些人挑毛病般的言論。他們挑出來的毛不過就是毛屑而已，只要輕輕抖一抖就不見了。

2. 自己感到辛苦時，其他人也應該要感到辛苦

缺乏社交能力之人普遍持有一種價值觀，即「如果我感到辛苦，你也應該要充分地感到辛苦」。舉個例子來說，假設有一個朋友通過了公務員考試，而社交能力不足的那個人也是公務員，在這種情況下，如果最近通過公務員考試的朋友只花

了大約六個月的時間準備考試，而社交能力不足的那個人則準備了三年左右，一般人可能會說：「哇！真的太恭喜了，只花六個月就通過考試很不容易耶！真心恭喜你！快點賺錢，一起努力工作、升遷吧！」然而，社交能力不足的人則會說：「哇！你才花六個月就考上，看來最近不管阿貓、阿狗都來報名當公務員耶！我當時真的很難考耶！那麼容易考上，可能之後會被刁難吧？」以這種方式把話講得很難聽。這些人強烈地相信，對方應該要像自己一樣感到辛苦，透過他們說話的方式展現出扭曲的心理。

3. 見不得別人好

韓國有句俗話說：「堂兄弟買塊地，我就肚子痛。」這類人確實如此。當某人努力工作而攢錢投資或買房，在他們身上發生各種好事時，社交能力好的人會說：

「真心恭喜！你真的辛苦了耶！我也要像你一樣努力生活。」如此祝賀對方且詢問相關方法。但缺乏社交能力的人則會說：「喂！你是用什麼手段這麼快存到錢？莫非做了什麼非法的事？」如此說出讓人心情不悅的言論。然而，這種語氣終究只是顯示出說話者本身的自尊心很低落，不需要過於在意。若遇到使用前面提到的三種語氣的人，不要感到壓力很大或心情受傷，「他們這樣挖苦我，證明我做得很好啊！」只要這樣思考就好，沒必要一一回擊，也不需要被動搖。因為那些不懂得真心支持他人幸福的人，而感到壓力很大、自尊心降低，這是最沒意義的行為。如果情況不允許果斷地與他們切割或斷絕關係，就「左耳進、右耳出」吧！這是為了維持我們的健康心態最需要的態度。

03 面對無禮之人要以無禮相待，他們才不會繼續放肆

1. 如果被無禮之人欺負超過兩次，那只能說你自己太傻

即使某人一直越線，若無其事地做出無禮的行為，有些人還是會心想：「應該好好勸導他，他就會改善了吧！」或者「他下次應該不會再這樣了吧！」選擇不再跟對方計較。然而，這種想法太過天真，無禮的人會把他人的關心和好意視為理所當然的權利。當他們一次又一次無禮地對待對方，如果發現對方沒有多加計較，他們並不會想著「我下次不應該這樣了，我做得太過分了。」相反地，他們會想「喔？

他可以接受到這種程度喔？那我再超過一點也可以吧？」不要浪費心力去理解或關心那些不懂禮節的無禮之人，這對於我們的心理健康非常不好。

2. 無禮之人都不知道自己有多糟

無禮之人最大的共通點就是「他們並不知道自己有多糟」。「只許州官放火，不許百姓點燈」，他們長期都用這種心態來生活，習慣了自己的惡劣行為，甚至在犯下越線的無禮舉動後，仍然認為：「這種程度應該還好吧？」或者在說出傷害對方心情的言論後，卻還表示：「我把一切都對你坦白，這樣更好不是嗎？」如此正當化自己的行為。

一旦被這類的人狠狠地傷害過一次，那種不快感至少會持續一個星期。就算你再怎麼告訴這些人「你真的很壞！」他們也絕對不會自我檢討或者表達歉意。相反地，他們更可能會責備道：「這點小事你就反應這麼大？那你在這個殘酷的世界上要怎麼生存？」或者說：「我是為了你好才跟你老實說的！真讓人難過耶！」反過來期望你跟他們道歉。

3. 沒有必要答應他們的請求

其實你沒有必要接受那些無禮之人的請求。被無禮之人利用後受傷的人們，大多是因為勉強自己接受他們的請求。儘管會帶給他人負擔，無禮之人仍然認為這些請求是理所當然的。「以我們的關係，應該要幫忙這種程度的事情才對吧？」如此暗示性地強迫對方接受自己的意見，遇到對方不答應他們的請求時，則刻意讓對方感到內疚。他們在這方面很在行，即使答應了他們的請求，他們也絕對不會對你表達感激或感恩，只會繼續提出更帶給人負擔的困難請求，而且不當一回事。因此，如果認為那件事不符合自己的標準，就堅決地拒絕吧！沒有接受那個人的請求，對方的人生也不會因此出錯；如果對方因為你不接受請求而感到失落或者想跟你斷絕關係，這種人總有一天會跟你斷絕關係的，只是時間早晚的問題罷了。

4. 以更無禮的方式回應吧！

當遇到無禮之人無禮地說話時，就以更無禮的方式回應他吧！行為舉止也要比他更無禮，將你的同理心和關懷留給其他的人們。例如，假設對方說：「喂！你胖了好多耶！都可以在地上滾來滾去了！」你可以回答：「是啊！但是比臉蛋被砸爛了更好吧？」如果對方說：「喂！你只賺這一點點錢，可以用在哪裡啊？」你可以回答：「有些人雖然有錢，個性卻像狗屎一樣，所以沒有人願意陪他一起花錢。與那種人相比，我現在過得更好吧！」以這樣的說話方式不經意地回擊吧！更漂亮的言詞、更良善的行為舉止只適用於那些像人類的人。不需要期待這種人擁有人本主義，也不需要幫助他們。俗話說「以眼還眼，以牙還牙」，這句話最適合他們。

希望我能不被
那些對我沒有太多情感的人
說三道四的言論所動搖。

——劉在錫

04

值得維繫終生的人際關係類型

1. 針對自己的錯誤，在二十四小時內道歉的人

在度過人生時，不可避免地會建立許多人際關係，而這些人際關係不會總是完美無缺。我們會遇到與自己不合的人，即使是曾經認為相處得很好的人，也會產生衝突。每個人的成長歷程都不同，所以這是難以避免的狀況，就像有些人喜歡用沾醬的方式吃糖醋肉，有些人則喜歡把糖醋肉浸泡在醬汁裡吃，這是非常理所當然且自然的事情。然而，會產生衝突並不是重點，重點在於該如何解決衝突。有些人即

便錯得很明顯，卻還是為了樹立自己微薄的自尊心，死都不跟對方道歉；相反地，也會有人真心道歉說：「我剛剛被情緒沖昏頭，話說得有點過分了。」若是前者，之前累積的好情感全都會消失，以最壞的結果結束；但後者反而可以讓彼此的關係變得更加深厚。不吝於道歉的人，是因為他擁有高自尊，所以也懂得尊重、懂得關懷他人。

2.不會無條件迎合自己的人

「好！你是對的！」「就這樣吧！」「我會好好做的！」「都是我的錯」……不管是情侶關係還是朋友關係，在許多情況下，總會有人無條件地迎合對方。當然，當他人迎合自己時，自己可能會感到很輕鬆，但有些時候，這樣的人反而更具危險性。因為他們沒有自己的主見、120％依賴於你，你可能在不知不覺中開始濫用權力。同時，如果對方過度依賴你，你也可能會承受很大的負擔。因此，比起無條件地迎合自己的人，擁有自己的主見、能夠自信地提出不同的意見，並且能夠分享健康價值觀、共同成長的人更為理想。

3. 在男女之間都擁有好名聲的人

在同性和異性之間都擁有良好聲譽的人，有很高的機率是真正的好人。舉例來說，在男性圈子中，他被評價為「很有義氣，是個不錯的人」，但在異性之間的評價卻是「非常無禮、很糟糕」；而在女性圈子中，她被評價為「非常關心他人，是個很溫暖的人」，但在異性之間的評價卻是「對待他人很高壓且喜歡強迫人」。與那些基於性別而以迥異態度對待人的人相比，那些能夠向任何人真實展現自己並因此贏得信任和好感的人，才是真正的善良之人。當你詢問他人對某人的看法時，與那些得到反差評價的人相比，如果對方獲得一致的評價，如「他真的非常貼心！」「他真的很熱情！」那麼這樣的人在現實生活中的表現很可能真的是如此。因此，如果你遇到在男女之間都擁有好名聲的人，就更有機會與他們建立起健康的關係。

4. 不過度追求關注的人

每當遇到過度追求關注的人時，每一刻都令人感到疲憊不堪，需要不斷地給予他們關注，因為他們缺乏關注時會感到沮喪。這些人把「認同渴望」視為生命中最重要的價值。當然，在人類的生活中，認同渴望是必要的，因為它會使人類進步和成長，然而如果擁有過多的認同慾望，只會讓彼此都感受到不舒服。如果生活中每時每刻的行為舉止都是為了獲得認同，那麼共事的人就會備感壓力。因此，與那些即使不受到關注，依然活得很幸福的人維持良好的關係是很好的選擇。

5. 對待那些對自己沒有實際幫助的人，依然態度友好之人

觀察一個人與小孩、祖父母、餐廳服務生等人互動時的言行舉止，可以洞察到一個人真實的品格。面對那些對自己沒有實際幫助的人依然保持友好態度之人，在你遇到困難時，即使你無法帶給他們什麼好處，他們始終會陪在你身邊。然而，如果一個人對待你和對待他人的行為有一百八十度的落差，就需要保持一定程度的警惕，這意味著他很有可能是因為你身上擁有他想要的東西才待在你身邊。

6. 不會不明就裡地亂發脾氣的人

有些人不聽事情的來龍去脈，也沒有正確掌握事情的狀況，就過度揣測並直接發怒，請務必要小心這樣的人。因為他們在任何情況下都可能情緒化地反應，甚至

犯下嚴重的錯誤。然而，那些無論遇到任何情況都不會輕率行事、不妄下結論，而是等確實掌握狀況到一定程度後才提出相關意見的人，往往都非常懂得待人處世。他們不會被情緒沖昏頭而犯下難以挽回的錯誤，而是會努力發展出更好的關係。

7. 不會過於坦率地披露自己隱私的人

有些人在初次見面時就非常坦率，明明沒有人詢問，他們卻詳細地談論自己的家庭大小事，或者毫無保留地訴說自己在年幼時所經歷的困難。對於這樣的人，我們需要保持一定程度的警惕，因為他們可能會將自己的坦率當作武器，要求對方也對自己坦率。此外，這樣的人會希望在很短的時間內與對方建立親密關係，因此他們認為「坦率」是最好的方法。然而，這無疑會帶給對方壓力。等到彼此產生一定的共鳴和親近感之後，再對對方坦率地敞開心扉也絕不會太遲。

8.就算很親近，也依然謹言慎行的人

有些人在覺得跟對方變熟之後，言行舉止就會變得非常隨意。他們自己劃定了與朋友和熟人之間的界線，當他們認為對方進入了「朋友」的範疇時，就會毫不客氣地做出無禮的言行舉止，不僅說話的語氣突然改變，行為也變得激烈。面對這樣的人，我們需要小心謹慎對待。相反地，即使面對很親近的人仍然關心對方，甚至更加謹慎對待，這樣的人往往才是真正的朋友，因為他們會用心對待且珍惜親近的熟人。

9.能夠讓我真正做自己的人

某些人相處起來，可能會讓我們感到沮喪或喪失自信。這些人常常表現得很

了不起，或者不斷炫耀一些我們無法擁有的事物。雖然這些人帶給我們的自卑感有可能會轉變成我們成長的動力，但在大多數情況下，這樣的相處對我們會產生負面影響。因此，在建立健康關係方面，遇到一個能夠讓我們真正做自己的人是非常重要的。就像衣服再華麗，如果尺寸不合適就不能穿上；鞋子再漂亮，如果尺寸不合適就無法穿著一樣，這樣的道理同樣適用於人際關係。

05 「高自尊」的人和「只有自尊心高」的人之差異

1.「高自尊」的人懂得尊重對方，但「只有自尊心高」的人卻總是想盡辦法貶低對方

觀察身邊擁有高自尊的人，他們的共同點之一就是「懂得尊重他人」。他們對自己的生活感到滿足，因此也會像尊重自己的生活一樣尊重他人的生活。舉例來說，當有人想嘗試新的挑戰時，高自尊的人會用這樣的方式來激勵對方：「哇！你一定可以應付這個挑戰，因為是你嘛！一定會很順利的！我認識你到現在，你是一

個無條件說到做到的人。」相反地，「只有自尊心高」的人認為自己的生活無足輕重，他們不僅不尊重自己本身，更不會尊重他人，甚至還會貶低他人。當對方提出想挑戰一些事情時，他們會說：「那能成功嗎？」或者說：「你還是繼續做你現在在做的事吧！」用這類的言行舉止削弱對方的意志，阻礙對方的未來發展。

2. 高自尊的人能虛心接受批評，但「只有自尊心高」的人則會將對方視為敵人

擁有高自尊的人，能夠謙虛地接受有根據的批評，因為他們認為這是促使自己進步的最佳原動力。舉個例子，假設他們講了一堂課，有人在上完課後表示：「您說話的速度太快，有點難以理解。」擁有高自尊心的人會積極地接受這樣的批評。他們會說：「非常感謝您提供這樣的建議，讓我瞭解到自己不知道的部分。」他們

反而對對方表達感激之情。相反地，「只有自尊心高」的人即使聽到對自己有幫助的批評，也會將提出批評的人視為敵人。若有好好接納建議，這些建議就能成為幫助他們成長的養分，但他們卻只是感到不舒服。

3. 擁有高自尊的人會尋找可學習之處並不斷成長；但「只有自尊心高」的人只會聚焦在對方的缺點，並以此安慰自己

擁有高自尊的人會尋找可學習之處並持續成長，他們並不害怕與優秀的人相處，反而認為這是能夠促使自己成長的有意義的時刻。因此，他們會與比自己更優秀、擁有豐富生活經驗的人進行對話、分享新的見解，也會因此不斷進步。相反地，如同前面所述，只有自尊心高的人不會認同對方，因此他們總是會尋找可以鄙視對方的點，而非可學習之處。舉例來說，若看到成功的人，他們會說：「喂！一看就

知道他們的成功是騙來的！」「他們應該是含著金湯匙出生的吧！」看到流下血汗管理自己身材而擁有良好體態的人，他們可能會用這種方式輕易地貶低他人：「應該有整形吧？」「一直注重外表，那樣生活不累嗎？」然而，這樣做只會對自己造成損害。

4. 擁有高自尊的人對自己充滿信心，「只有自尊心高」的人則缺乏對自己的自信

擁有高自尊的人對自己充滿信心，他們願意接納他人的意見，但最終的重要決定會由自己作出。表面上看起來，他們非常遵從他人的意見且依賴他人，因為不論何種意見，他們都願意傾聽。然而，他們對自己有明確的信心，因此在面對重要決定時，終究還是會由自己來主導整個決策。相反地，「只有自尊心高」的人缺乏

對自己的自信，在表面上看起來，他們似乎不在意他人的意見、隨心所欲地過著自己的生活，但內心卻總是陷入許多煩惱和困惑。他們常常會問自己：「我做這件事是對的嗎？」「這是正確的選擇嗎？」由於缺乏對自己的自信，他們不斷苦惱這些問題，往往錯過了真正重要的決策。

5. 擁有高自尊的人能讓周圍的人感到舒適和快樂，而「只有自尊心高」的人則讓人感到不舒服和不愉快

擁有高自尊的人對待身邊的人時，往往都擁有基本的體恤之心，因此無論處於任何情況下，他們都能讓對方感到舒適。在與人對話時，他們會配合且傾聽對方，讓對方產生「這個人很尊重我啊！」的感覺。相反地，「只有自尊心高」的人則會讓對方感到不舒適和不愉快。由於他們連愛自己都很難，因此沒有餘力去愛他人，

也沒有餘力去理解和寬容對方。無論在任何對話中，他們都想要凸顯自己，因此會急著打斷對方講話或嘲諷對方。因此，「只有自尊心高」的人身邊往往沒有人陪伴。

「自尊」和「自尊心」只差了一個字，但卻有非常明顯的區別。與擁有健康自尊的人長時間相處時，生活會變得更加積極向上；相反地，與含有毒素的自尊心的人長時間相處時，生活則會陷入泥沼中。幸福生活最重要的因素在於：只觀看好的事物、只品嚐好的食物、只說好話、只與好人交往。請多與好人相處，共度幸福的時光，尊重對方也獲得對方的尊重，藉此培養出更有發展性的價值觀和思維吧！如果能與這樣的人一起生活，那麼我們就能過上比現在更有價值的生活。

06

絕對不能信任之人的類型

1. 言行不一的人

我過去有一個相當親近的熟人，現在完全沒有聯絡，我們之所以會漸行漸遠，就是因為他的言行不一。舉例來說，他明明說：「你生日時，我會送你這個。」但卻連我的生日都忘了。他也說過：「我百分之兩百相信你。」卻對其他人說我不可信任。此外，他常常不遵守自己說出來的話，承諾後沒有兌現的情況屢見不鮮。他一直出現言行不一的情形，我開始覺得難以繼續與他維持關係，實際上也發生了許多問題，我們的聯繫就自然而然地中斷了。言行不一的人很接近「口若懸河」的類型，這種類型的人，話說得滔滔不絕，但相對於口才，他們的行動能力和實踐能力卻明顯不足。他們總是把話講在前頭，令人產生很高的期望，然而最終卻難以兌現，讓人感到相當失望。與其如此，可能不說話反而還更好。

2. 經常違背約定的人

總是會有這種朋友，明明約好三點見面，卻習慣性地四點才抵達，或者在兩點半時打電話或發簡訊說：「我今天去不了了。」雖然他們會道歉，但道歉的感覺並不真誠。經常違背約定的人有很高的機率是因為缺乏對他人的體貼且不在意他人的感受。如果很在意他人，行事作風卻是那副模樣，那就更不對勁了。明明很在意對方還常常違背約定，這證明他們缺乏基本的素養。因此，身邊有這樣的人時，要嘛就容忍；如果無法容忍，建議將關係整頓一下。他們都帶給自己那麼多壓力了，沒有必要再將他們留在身邊。

3. 缺乏責任感的人

缺乏責任感的人，一開始在做事情時往往會充滿幹勁，但這種幹勁和熱情卻難以持久。剛開始進行一個項目時，他們可能會說：「這感覺很有趣！」「我會努力去做！」然而隨著時間的推移，他們熟悉了一切情況後，熱情自然而然就會消退，也無法好好完成自己應盡的本分。他們一開始可能比任何人都積極，但一旦失去熱情，他們甚至無法完成自己該做的工作。遇到像這樣的人，我們有必要與他們保持距離，如果他們因為被情緒支配而將自己的工作和所負責的本分丟在一旁，這對彼此都不好。

4. 在背後誹謗他人的人

許多成功人士都有一句奉為圭臬的座右銘：「在別人面前無法說的話，在背後也不要說。」在背後說人閒話看似甜如蜜，卻也會帶來許多負面效應。因此，如果有人在你面前毫不在意地誹謗第三者，不需要附和他，「原來他也有可能在別的地方誹謗我啊！」只要在心裡這樣想就可以了。

面對這四種類型的人，需要保持一定的距離，無論他們說什麼或做出什麼行為，我們都不應該百分之百地信任他們或對他們抱有太大期望，否則只會讓自己受傷並承受壓力。因此，最好的態度就是「放水流、隨它去」，這對我們的心理健康是最有益的。

成功有一個秘訣，
那就是擁有理解對方觀點的能力，
不僅僅從自身的觀點來看，
而是能夠從對方的觀點來看待事物的能力。

——亨利．福特

PART 2

不再像以前一樣，
因他人的三言兩語而受傷的原因

07 在人際關係中必須拋棄的五件事情

1. 對於離開的人抱持的遺憾

如果對於已經離開的人長期抱持遺憾，只會讓自己更加辛苦。曾經長時間交往後分手的前任情人、相處了十五年卻因價值觀和個性差異大吵一架後斷絕聯繫的昔日青梅竹馬等等，對於這樣的人持續懷抱遺憾只會讓自己更加辛苦。強行將已經斷開的緣分再次連結起來是毫無意義的，因為關係就像玻璃窗一樣，一旦破碎，即使修補了，其強度也會明顯減弱。因此，與其持續懷抱遺憾，對於那些已經過去的人感到懷念和痛苦，不如對於現在來到自己身邊的人心存感激，盡自己所能地善待這些緣分。

2. 錯失機會所帶來的痛苦

「那時候應該要跟那個人交往才對……」「那時候應該要那樣做才對……」這種想法不僅在談論成功或人生時出現，同樣也適用於人際關係。對於那些未能相遇或無法發展成美好緣分的人，沒有必要持續感到痛苦或遺憾。一直保留這種遺憾，對我們的精神健康毫無幫助，因此不必執著於錯失的緣分和機會，持續懷抱遺憾或浪費心思。

3. 對於未來關係的擔憂

有些人在維持良好的關係時，內心卻感到不安，這種不安源於這樣的想法：「如果對方離開我，我該怎麼辦？」「現在關係很好，但如果未來發生衝突該怎麼辦？」然而，這樣的心態只會自我消耗，就像在搭乘飛機前擔心「如果墜機怎麼辦？」或者在搭公車時擔心「如果發生車禍怎麼辦？」一樣。與其過度想像尚未發生的未來，使自己更加辛苦，不如專注於身邊的人，全心投入當下的態度更為重要。

4. 習慣性比較

世界上到處都有比自己更出色、更優秀的人，這是很正常的。若習慣性地與他人比較、自責並自我批評「我比那個人差勁……」人際關係必然變得狹隘且產生問題。無論遇到誰，都會作比較，而這種令人不舒服的比較，對方必然也會察覺到，這樣的關係絕對無法長久維持。

5. 期待對方給予自己某種回報

如果期待對方按照自己所付出的給予相等的回報，只會讓自己更加辛苦。對對方付出的情感或物質無法一一用數字量化，因此一開始在付出時，最好不要懷抱期待。「我在你困難時安慰了你，所以你也要給我一張免費安慰券。」「我上次請你吃了八千韓元的烏龍麵，所以今天你請客六千韓元的辣炒豬肉，要再加點兩千韓元的肉！」這種話本身就非常自私。因此，只要放下期待，毫無負擔地盡力為彼此付出，這段關係就能長久維繫下去。

08 很會察言觀色的人的六大共通點

1. 臨機應變能力很好

不管遇到任何慌亂或意料之外的情況，他們都能很好地應對。舉例來說，有個許久沒見的朋友帶了女朋友出來赴約，如果那個女生並非朋友先前交往很久的那位女朋友，很會察言觀色的人並不會露出慌張的神情，或者不由自主地說出：「喔？是你新交往的對象嗎？」而是會迅速掌握狀況並表示，「您好，您是○○的女朋友吧？」他們非常討厭驚慌失措的情況或不自在的氣氛，所以他們很習慣快速掌握各種情境，並且創造出自己可以控制的環境。

2.善於讀懂對方的情緒

很會察言觀色的人能夠如同神通一般讀出對方的情緒，如果對方看起來情緒不好，他們會選擇不主動搭話，而是認真做自己該做的事。畢竟情緒是暫時的，過一陣子就會解除，而且他們也很清楚，當人情緒不好的時候，繼續被打擾是多麼煩人的事情。他們能夠迅速地透過對方的說話方式或表情，捕捉到對方的想法和當下的情緒。

3. 具有良好的共感能力

很會察言觀色的人通常都擁有良好的共感能力，「很會察言觀色」代表很會理解對方，也會思考該如何應對進退。比起思考[1]，他們更精通情感的領域。舉個例子，我有一位朋友很會察言觀色，每當我和他聊天時，他總是給出我想聽到的答案。如果我問說：「我要不要留長頭髮？」普通人可能會回答：「不，短髮更適合你。」但他能從「我要不要留長髮？」這個問題本身偵測到我心中想要的答案，那就是「我想留長頭髮」。因此，他會快速察覺到對方的內心，用同理對方的方式來回答：「留長頭髮也很適合你啊！我覺得現在的男生留長髮也很好看。」就像這樣，很會察言觀色的人會利用卓越的共感能力來與對方建立更良好的關係。

1. 作者應是在指MBTI中的「思考」（Thinking）和「情感」（Feeling），很會察言觀色的人更傾向「情感」（Feeling）。

4. 裝作不知道的高明技巧

很會察言觀色的人，通常也善於裝作不知道。當他們被問到某個問題時，如果難以回答，他們會選擇以「我不太清楚耶！」的方式避免作答，這是因為他們清楚地知道，在那個問題上回答對自己毫無益處。儘管可能因此被他人嘲笑成「傻瓜」，他們仍然會避免在對自己毫無幫助的範疇中發表意見。

5. 非常體貼

這些人非常會體貼他人，他們不僅擁有優秀的共感能力，能夠很好地理解他人的情感，也很善於應對不同的情況，因此他們基本上都具備體貼他人的心和同理心。他們總是站在對方的立場思考，優先考慮對方的需求，以一顆美好的心來對待人，避免帶給對方不舒服的感受。

6. 與其爭吵，他們願意先讓步

在彼此的關係中，他們深知如果不願意讓步，而是一味地爭吵，只會造成雙方損失。長時間在無解的問題上爭論，並不會留下任何好處，因此為了避免彼此蒙受損失，他們願意放下自尊心，主動讓步或故意讓對方獲勝。

很會察言觀色的人通常也是最為體貼周到的人，為了應對不同的狀況或他人的情緒，他們常常會選擇隱藏自己的情緒和感受。很會察言觀色的人有時甚至會假裝遲鈍，因為他們深知強出頭可能會受傷，或者瞭解到一些自己不想知道的事情，讓自己徒增辛苦。這樣的人需要培養自我意識，如果他們只是一直關注周圍的狀況或他人的反應，就會漸漸難以表達自己的情感，並習慣性地將自己的情感隱藏起來。

然而，解決這個問題並不難，只要像關心他人一樣，學會關心自己就可以了。你一直以來都在照顧著他人，希望現在你能學會如何照顧自己。你是否能對自己的感受也有同樣敏感的觸覺呢？

09 即使早個一年知道，也能改變十年命運的人際關係特別忠告

1. 最後的印象比第一印象更重要，無論何種情況，都要乾淨俐落地收尾！

這是我在以前的公司經歷過的事情。有一位比我晚進公司大約三個月的員工，他非常勤奮且努力工作，受到了全公司的喜愛。然而，大約過了半年左右，他的工作強度和對待人的態度突然明顯改變了。他不跟大家好好打招呼，甚至在工作的時候花很多時間在私人事務上或者外出。後來才發現，他去另一家條件更好的公司面

試並且錄取了，他可能認為再也沒有必要在我們公司的人面前表現良好，所以才會有這般的舉動。他起初帶給人的印象極佳，最後的印象卻相當糟糕，我還記得當他離職時，公司每個人對他的評論都不太好。這說明了比起第一印象，最後的印象更為重要，人們只會記住一個人最後做出的行為。然而，也有完全相反的情況發生。

有一位員工在剛入職時，並沒有收到什麼良好的評論，但他在調動部門時，送給前部門每個人小禮物和手寫信，而手寫信中並沒有提及遺憾的內容，大部分都在表達感激和感謝。收到這些小禮物和手寫信的前部門員工們，對這位職員所留下的印象當然會是好的。就像這樣，無論處在何種情況下，「結尾」是非常重要的，但許多人都會忽略掉「最後印象」的重要性。即使對方有很多令人感到遺憾之處，也沒有必要在一段關係結束時表現出來。相反地，如果能夠心胸寬大地不計前嫌，想必對方也會記住你的好。

2.不要成爲扯後腿的人

這是三星創辦人李健熙的名言：「要由能夠改變的人來改變，由能作出重大貢獻的人來作出重大貢獻，只能作出微小貢獻的人，就作出微小貢獻吧！然而，不要成為扯後腿的人，不要將有意進步和成長的人拉低到自己的水平。」遇到某些人時，會對彼此帶來進步和正面的影響且共同成長；相反地，也會有些人讓你感到「為什麼這麼不舒服？」當我們嘗試挑戰或嘗試某些事情時，他們不僅不給予鼓勵，還會輕蔑地批評和貶低對方，說著「那能成功嗎？」「嘿，你根本無法翻身！」之類的言論，而那些經常扯後腿的人最終會被所有關係所遺棄。因此，無論在什麼情況下，都不要成為扯後腿的人。

3. 在與人相處時，至少要擁有最基本的責任心

我曾經有個朋友的綽號是「相親工廠」，這位朋友去過很多次相親，但如果他對約會對象不太滿意，對方才剛坐下，他就會說：「不好意思，我突然有急事，得先走了。」然後就直接離席。他完全只顧著自己，絲毫不考慮對方為了這次約會所花的時間和努力。當我問那位朋友為什麼要這樣做時，他回答說：「沒什麼，就沒好感啊！」當我反問他是否是因為照片和真人有很大差距時，他便回嘴說：「長得和照片差不多，但就是沒感覺，既然都沒感覺了，也沒必要浪費時間吧？」這樣的行為自然而然會讓人對他評價不佳，最終他的相親機會也減少了。這樣的人不僅僅在相親時如此，對待任何人際關係也都持有這種態度，只要他們認為對方對自己沒有幫助，就會立刻像切蘿蔔那般斷絕關係。然而，在與人相處時，至少要擁有最基本的責任心，若因為「我沒有感覺」或「他對我沒有太大的幫助」而踐踏對方為

自己所付出的努力、金錢和時間，這樣的行為遲早會反彈到自己身上。因此，我們在與人相處時，至少要保持最基本的責任心。

4. 相信每個人身上都有值得學習的地方

仔細想想，每個人身上都有值得學習的地方。曾經讓你覺得「怎麼會有人這樣？」的職場上司，或是讓你生氣地想「說話怎麼這麼沒禮貌？」的無禮朋友，最終都能帶來「我絕對不能這樣做」的啟示。因此，即使面對那些滿是缺點的人，我們仍然可以從他們身上學到東西。如果在不可避免的情況下，遇到那些在自己眼中絕對沒有可學習之處的人，不妨這樣思考：「透過這個人，我學到了在生活中絕對不該做的言行舉止啊！」即使處在不可避免的壓力下，這種思考方式也能使人變得更加心平氣和。之所以提出「為什麼會這樣？」這個問題，表明了我們試圖去理解對方。然而，不需要浪費寶貴的精力去理解那些人，請銘記在心，我們只需要保持「我絕對不能這樣做」的態度，然後根據情境調整氛圍即可。

5.多稱讚，少批評

不管在何種情況下，稱讚都能使人雀躍舞動，而批評則會使人板起面孔。有時候，批評會導致彼此的關係破裂，甚至陷入無法挽回的餘地。假如對方讓你極為不滿，何不考慮看看在稱讚的同時，巧妙地點出問題呢？舉個例子，如果對方話太多，當你想對此表達反感時，可以這樣說：

「跟你相處真的很輕鬆又很開心！我深刻感受到你對我的體貼和尊重，你一定是怕我喉嚨痛，刻意不讓我發言的吧？」可以用這種方式巧妙地表達。

即便是那些擁有高自尊和充滿自信的人，也不太喜歡受到批評。雖然他們可能會說：「隨時歡迎有建設性的批評指教」，但實際上在受到稱讚時，他們表現得更加開心。因此，若想與他人保持良好的關係，盡量多稱讚、少批評。

6. 忍耐三次就會變成冤大頭

如果每件事都一味地忍耐和體貼他人，自己就會淪為冤大頭。「這次應該沒問題吧！這次應該不會再發生了吧？」不斷忍受對方的無禮舉動，只會讓自己心力交瘁，更重要的是，他們根本不會意識到你的體貼和忍耐。無禮的人認為那些無禮的舉動很正常，如果對方沒有反應，他們就覺得沒有問題，並習慣性地做出更加無禮的舉動。因此，在面對這種情況時，絕對不能忍耐或保持沉默。當自己強烈反應時，如果對方表現出失望的態度，質問你：「連這種程度也無法理解嗎？」只需要將那個人從心中抹去即可。即使只回敬那些人所做的無禮舉動的十分之一，他們也會像火山爆發般發怒。

7. 不需要努力展現完美的形象。當人承認自己的不完美時，生活也會產生驚人的轉變

在人際關係中，不需要努力展現完美的形象。以前我曾經有過一種固執，認為自己必須在某些人面前始終維持百分之百的完美形象，當我努力保持著一副完美無瑕的姿態，也期望對方可以如此。然而，當我持續展現這樣的態度時，周圍的人反而開始遠離我，當時我並沒有做錯什麼，只不過人們在我身邊感到不自在。有一個專有名詞叫做「出醜效應」（pratfall effect），意思是當看似完美無缺的人出現小失誤時，人們反而會更喜歡他們。近來出現了「呆萌美」、「反差萌」等詞，這也與此相關。當看似完美、整潔、時髦的人展示出截然不同的一面時，人們反而會

對他更加敞開心門。因此，與其竭盡所能地追求完美，不如展現真實的自我，與那些欣賞你的人保持輕鬆自在的關係吧！

每一次的對話都可能是一個機會，
認知這個事實吧！

——傑夫．梅塞爾

10 98%的無禮之人習慣使用的語氣

1. 我不會在背後說別人閒話

為了合理化自己的無禮舉動，無禮之人經常使用這種語氣說話：「我不在背後說別人閒話。」他們倚仗這句話，毫無顧忌地吐露出傷人的言語，但這種不顧及他人感受的說話方式，必然會造成人際關係上的摩擦與衝突。那麼，在這種情況下，該如何作出更好的選擇呢？寧願選擇在背後說別人閒話，但在對方面前表現出禮貌並尊重對方的態度。那些故意當面駁斥他人，拿「誠實」當作盾牌淨做些無禮舉動的人們，我們有必要在心中與他們保持距離。此外，一個令人驚訝的事實是，那些聲稱「我在背後不會說人閒話，我會把話全都誠實說出來」的人們，實際上也會在背後說人閒話。相反地，那些謹慎地給予回饋，以「我思考了一陣子，你覺得稍微改進這些部分如何？」這樣慎重提供建議的人，卻不會在背後說別人的閒話，這是因為他們具備了謹慎待人和關懷他人的內建裝置。因此，若身邊有人經常強調「我不會在背後說別人閒話」，就對此充耳不聞吧！與他們相處並無多大意義，不必勉強自己與他們相處，徒增情緒勞動和壓力。

2. 我都是爲了你著想才說的

以前我曾經有一位朋友，每當我說要做什麼事情時，他總是會用這樣的話作開頭：「我是為了你好才說的……」接著詳細解釋我為什麼不能做那件事。但事實上，這位朋友的生活並沒有特別出色，也沒有什麼值得一提的地方。我不曉得他是真的為我著想才說的，還是對自己缺乏之處產生自卑感，又怕自卑感顯露出來才這麼說的，但我總是記得他講話的開場白。然而，「我都是為了你著想才說的」這句話本身就站不住腳，因為如果真的關心對方，就不會用這種方式來表達，而是會針對對方想做的事情提供實質性的幫助，或者花時間給予建議。換句話說，完全沒有付出情感和物質上的努力，只是口口聲聲說「我都是為你好」，這句話就跟謊言沒兩樣。若真的在意對方，就會盡可能地給予幫助。所以，面對那些假裝為對方著想，實際上卻不斷阻撓對方做出新的挑戰，在對方前進的路上設置各種障礙的人，有必要與他們保持距離。聽到他們說話時，不妨這樣回答：「沒關係啦！我的人生由我決定，請你給予心理上的支持就好。」

3. 喂！那個我試過了，行不通的

某個人擁有一千七百五十三項興趣，但在短暫的人生中，一個人如何能擁有一千七百五十三個興趣呢？其實這只是他腦中的想法。這些人只是瀏覽了一則新聞、只用眼睛看過，就自以為那是自己做過的事情。不過彈了一下吉他弦，就自稱會彈吉他；僅僅加入了一個跑步俱樂部，就自稱為專業跑者。當別人說自己要挑戰新事物時，這些人連真正嘗試過都沒有，就拿自己看過的、聽過的內容來說嘴，想盡辦法阻擋對方。「喂！那個我試過了……」「喂！我身邊有認識的人在做這個……」這樣說話的人，總是會用這句話來作結論：「那件事不行啦……很困難的……別做了……」我身邊有個朋友透過股票賺了很多錢，他努力不懈地研究，持續透過股票來增加自己的資產，因此現在沒人敢在他面前大肆談論關於股票的事。

但是，那個朋友剛開始投資股票時，他周圍有許多的「專家」給他建議，當他想要投資某個項目時，就會有人說：「喂！那個項目很快就會下跌啦！」「不要買那個，買這個吧！」或者說：「為什麼要投資股票？我身邊有朋友因為玩股票，連房契都賠掉了。那個太危險了，別嘗試了！我之前也試過啊……」他們拿著微不足道的知識說出這些話，假裝為了對方好、為對方著想。我朋友說，當時身邊有非常多這樣的人，如今回首當年的狀況，朋友說道：「如果當時我聽信了那些人的話，現在可能就不會有這番成就了。真正有實力的人不會給予無用的忠告或建議，現在換我分享各式各樣的情報給那些人，持續不斷進步。」因此，當你開始挑戰某件事時，務必留心那些沒有親自做過，卻試圖用口舌來打擊你的人。就算將他們留在身邊，他們也不會帶來任何幫助。

4. 這件事不適合你，怎麼可能會成功呢？

當自己想挑戰某些事情的時候，總會有些人說：「喂！那件事不適合你啦！」「這和你的形象完全不搭啦！」如此企圖阻撓自己嘗試新事物或挑戰。舉個例子，我想剪短髮，就會有人說：「你留長髮就很漂亮了啦！不要剪短了，你會後悔的。」我想開始練混合健身（CrossFit），就會有人說：「你的形象跟混合健身有點不搭耶？如果做到一半受傷，之後會很辛苦啦！不要做那個。」明明我的形象自己最瞭解，他們卻一副自己是專家的模樣，還想要給我建議。然而，不需要因著這些人的言行舉止受傷，也不需要擔心地想：「我的形象真的是這樣嗎？」若因為他們輕浮的言行舉止而錯過自己真正想做的事、錯過得以產生變化的機會，這才是真正愚蠢的行為。

當別人想嘗試某件事情時，他們不僅不會給予支持和鼓勵，還會將生命中所有力氣用來潑人冷水並加以妨礙，這種行為源於他們自身的生活毫無亮點，才會試圖把別人的生活也拉低到他們的水平。他們表面上假裝支持別人追求更好的生活，內心卻充滿恐懼。無禮之人表面上看起來超級理直氣壯，內心其實極度脆弱，因為他們對自己缺乏信心，最終只能把憤怒轉嫁給其他人。因此，對於這些無禮之人的一言一行，我們都不需要太過在意，不管別人怎麼說，只要自己過得好就行了。用有目共睹的實際成果堅定地證明自己，以5G的速度拉開與這些無禮之人的差距吧！這才是可以壓倒他們、讓他們無言以對的最佳方式。

11 懂得待人處世的人給人際關係反派的真教訓

1. 當聽到無禮的言語時，凝視對方五秒鐘

以前我曾受到人際關係反派的傷害，我全盤接收他們無禮的行為和言語，也因此讓自己變得很辛苦。「喂！你這樣活著有什麼出息？」「喂！你腦袋清醒一點啊！你都幾歲了？」「你最近依然那樣過日子嗎？」這些尖銳的言語讓我心碎滿地，但現在當我聽到這樣的言語時，我不會再讓自己受傷。我會直視對方五秒鐘，毫不迴避對方的眼神。某次曾經在電視看到藝人金淑[2]的應對方式，我感到十分驚豔。

在某個節目中，有一名評審對金淑說：「妳長得像男人。」聽到這個無禮的玩笑話時，金淑冷靜地凝視著他，不帶情緒且口氣平淡地說：「喔？你傷害了我。」過不久，那名評審便對她真心地致歉。就像這樣，面對人際關係反派，我們需要用眼神告知對方無禮的程度，只要用堅定的表情凝視對方，那些人際關係反派就會產生愧疚感，進而檢討自身的言行舉止。

2.不要浪費超過二十秒的時間思考。

虛構占30%，誇張占30%，無禮的話占40%。沒必要反芻思考。

那些人際關係反派們所說的話，不需要拿回家繼續反芻思考。他們希望得到

2.金淑，김숙，韓國女演員、喜劇人。一九九五年在KBS出道，二〇二〇年《KBS演藝大獎》大賞得主。

關注，捏造和誇大事實對他們而言就如同吃飯一樣自然，每天都在研究該如何傷害別人。那些人生活中最大的幸福和樂趣，就是親眼目睹別人因著他們的話感到不安和受傷。因此，我們無須給予這些人額外的關注，也不需要消耗自己的情感。懂得待人處世的人[3]擁有對自己的確信，所以不會與那些水準低的人爭辯，也不會用情緒跟他們打仗，因為彼此的觀點不同、思維格局也不同。因此，如果不幸遇到這樣的「反派」，不需要一直反芻他們對你造成的傷害，若你全盤接收他們的無禮，他們就會快樂似神仙，我們根本沒必要供給他們精神糧食。

3. 若感覺到對方越線了，請在五秒內指出來

人際關係反派們擁有獨特的視人眼光，「這個人可以被傷害」、「這個人可以被輕視」、「欺負他也沒關係」——當他們對人產生這類的確信時，就會開始集中

火力攻擊。因此，要趁他們越線之前及時予以糾正。最近我參加了一個社團活動，社團成員變得越來越熟絡，大家偶爾會臨時揪出門，但由於週末我的行程很滿，無法常參與社團活動。某一次我出席聚會，社團中大部分的成員都對我說：「你很忙吧？雖然很忙，還是希望你可以抽出時間來聚聚喔！」用可愛的口吻對於我無法經常出席聚會表達遺憾。然而，其中有一個人說：「你到底都在瞎忙什麼？」說完這句話，全場氣氛瞬間冷卻。當時我立刻反問他：「你說的『瞎忙』是什麼意思？」他似乎意識到失言，便低著頭沒有回話。就像這樣，遇到人際關係反派，你必須及時指出：「你現在已經越線了。」這些人非常狡猾，總是在腦中算計著可以越線至何種程度，因此你必須及時指出錯誤以形成「條件反射」。對於無禮的人，不要浪費情感和精力，即使會讓他們感到不安，也有必要讓他們認知到自己的言行舉止有所失誤。

3. 這句話的韓文是「잘 배운 사람」，直譯為「有好好學習過的人」，在本書中泛指很會應對人際關係的人。

12 不再像以前一樣，因他人的三言兩語而受傷的原因

1. 受傷只有自己會吃虧，對方的態度並不會有任何改變

有些人說話的方式非常令人不悅，讓人忍不住差點說出：「你怎麼可以這樣對我說話？」以前我會因為這些人講出的每一句話而大受傷害，但現在我再也不會受傷了，因為我清楚地意識到：即使我受到傷害，對方也不會因此感到抱歉。我不再將情感投入在對方的無禮言語中，我會對他們展現同樣的無禮，或者自然地表示：「你現在有點越線了。」不要忘了，就算我受傷，傷害我的人也絕不會感到抱歉或

自責。就算他們可能沒有意識到自己講出來的話很傷人，但那些會傷害他人者，絕大多數都缺乏對他人的關懷，甚至連想要提升關懷能力的意願都沒有。

2. 如果不斷反芻每一句話，只會淪爲過度解讀

想必每一個人都曾經有過這樣的經驗：聽到一句無禮的話後，不斷地反芻那句話，甚至還自我懷疑說：「我真的有這樣嗎？」如此貶低自己。若對別人口裡講出的每一句話都投入了滿滿的情感，想要一一回應和解決，最終只會讓問題變得更大。「他為什麼會這樣說話呢？」「他說這句話背後有何意圖呢？」其實對方可能只是隨口說說，而自己卻過度解讀，認為這些話背後有很大的意圖，這樣做只會讓自己很辛苦。再者，若這樣的情況變得越來越嚴重，往後無論聽到什麼話，都可能會因為潛在的被害意識而過度解讀。「這是怎樣？他是在冷落我嗎？」「為什麼在

這種情況下要故意說出這樣的話？我看起來很好欺負嗎？」我們不要把對方的每一句話看得太重要，為了維持健康的心理，這個方法是絕對必要的。

3. 當壓力累積時，不僅會影響健康，連原本能順利完成的事也難以執行

如果將那句讓你不舒服的言語一直留在腦海，就難以執行原本要做的事，甚至損害健康。有些人因為別人一句無心的話而輾轉難眠，這時雖然可以歸咎於他人無禮的言語，但關鍵問題還是在於「接受這些言語的自己」。別人隨口的一句話，自己大可以左耳進、右耳出，沒必要因此承受壓力並感到痛苦。持續的壓力累積不僅會影響健康，連原本能順利完成的事也難以執行，等到大受影響後再去責怪對方，說：「因為你當時說了那樣的話，我才會淪落成這副模樣。」這樣的理由實際上站不住腳。是否要被影響，終究還是取決於自己。願意掩蓋掉的事，就讓它自在地潛

伏在水面下，專注過好自己的生活吧！這是能夠過上輕鬆自在生活的最佳解藥。

4. 只要事情進展得順利，一切都會變得無關緊要

只要事情進展得很順利，一切就會變得無關緊要。對於別人的三言兩語，根本沒有時間和心思加以理會，畢竟光是做自己的事情，時間就已經不夠用了。有一句我很喜歡的名言：「請銘記在心，如果你的生活毫無重心，就會整天關注別人的生活。」這句話非常有道理。因此，我們不應該浪費時間在別人嘴裡的一些微不足道的言語上，而是要思考如何更加專注於眼前正在做的事，以及如何做得更好。傷口若持續累積且變深，有朝一日一定會爆發。即使自己擁有偏高敏感的個性，也要透過有意識的練習來改變。他人講出的言語，連一分一秒都不需要放在腦海中，那些言語累積起來，只會啃食各位的心思罷了。

我不會談論別人的閒言閒語，
並且對每個人，
我只談論我所知道的優點。

——班傑明．富蘭克林

PART 3

懂得待人處世的人，在人際關係中會嚴格遵守的原則

13 不需要和所有人都融洽相處

我有一次在觀看TVN播出的節目《工作見面的關係》[4]時深受感動。在這個節目中，有一個令人印象深刻的場面，那就是張聖圭[5]和劉在錫的對話時刻。當時的張聖圭因為網路上的惡意評論，心裡非常煎熬，劉在錫向他坦言：「其實我也有過那樣的經歷。」張聖圭隨即回答：「每當有人罵我時，我都覺得很害怕。」而劉在錫則回應：「你必須克服這一點，這樣你才會成長。」劉在錫淡淡的一句話，

4. 節目韓文名稱為「일로 만난 사이」。《工作見面的關係》，為韓國TVN電視台的綜藝節目。
5. 張聖圭，장성규，是韓國的電視主播及節目主持人。

卻可以讓人感受到背後所蘊含的痛苦和困難。張聖圭接著詢問劉在錫：「在錫哥是否也曾經找不到解決方法而陷入困境中？」對此，劉在錫回答道：「這是很自然的過程，每個人都會經歷到。」

明明知道不可能讓所有人都滿意，卻仍然竭力討好所有人，渴望得到每個人的愛戴。即使只有一個人對自己不滿或批評自己，我們也常常因此深受傷害並感到痛苦。張聖圭和劉在錫肯定也是其中一員，然而，他們現在都克服了這個過程，邁向更好的方向，並給許多人帶來正能量。劉在錫在節目中再次留下令人印象深刻的發言。

「我其實不太喜歡同時主持許多節目。在做節目的過程中，我總是想要有『我在這個節目盡了最大的努力』的感覺，但同時參加多個節目時，我又很容易感到不滿足，甚至產生內疚感。然而，如果我不接很多節目，又會傳出這種傳聞：『他很挑剔耶……都挑工作做。』總之，這兩種情況是無法並存的。如果我突然接了許多份工作，又會出現不同的聲音說：『他現在什麼節目都接啊！和以前的他不同了。』總而言之，想要在現實中滿足所有人是非常困難的。」

雖然劉在錫心平氣和地說出這番話，但看著他的表情，我腦中閃過了許多畫面。回顧過往，我也曾經努力與每個人融洽相處，甚至為此抹去了我自己，只顧著迎合別人。然而，若將自己硬塞進別人的期望和標準中，生活就會變得越來越不幸福，任由別人的情緒和反應影響自己。就像有人說我剪短髮會更好看，為了討好對方，我剪了短髮，但對方卻說：「你剪得太短了吧？」或者因為對方喜歡漢堡就一起去漢堡店，但對方卻說：「嗯……其實比起漢堡王，我更喜歡麥當勞多一些……」

在最近推出的電視節目《吳恩英的金子商談所》[6]中，歌手李藝真也分享了類似的感慨。李藝真表示：「如果我變胖了，別人就會瘋狂叫我減肥，等我瘦下來了，

6. 節目韓文名稱為「금쪽상담소」，於二〇二一年九月十七日開播。

又會說看不慣我太瘦的樣子，我搞不懂什麼樣的意見才是真正適合我的。我這個人本來不太在乎別人的眼光，但後來竟然罹患了社交恐懼症。」她坦率地分享了自己所面臨的困擾。正如此例，無論你做什麼，討厭你的人就是會討厭你；同樣地，無論你做什麼，信任並喜歡你的人總會繼續留在你的身邊。因此，與其為了討好每個人而展現虛偽的一面，不如展現真實的自我，並與喜歡你真實樣貌的人們共度更多時光。雖然現在你可能會因為受到討厭你的人的批評而感到辛苦，但就像劉在錫所說，這只是「暫時」的，這是一個自然的過程，絕對會過去。當你克服這個過程後，你將能過上比現在舒適千百倍的生活。

14

花費時間累積人脈毫無意義的原因

在韓國社會中，「人脈」被視為最重要的一環。當看到有些人借助人脈來改變人生時，我們不自覺地會想：「啊！那我也只要和更多的人培養交情，我的人生就可以逆轉勝了吧？」然而，對於這樣思考的人們，我想送給他們南韓最傑出的歌手，同時也是價值一兆韓元的娛樂公司——JYP的CEO朴軫永的名言。

「希望大家不要花太多時間在培養人脈。許多人相信唯有累積人脈才能獲得成功，這在短期內看起來或許沒錯，但長遠來看，每個人終究都是自私的，必須是對彼此都有益處時，才會互相幫忙。請各位把時間優先花在培養實力和管理身體上。

人脈短期內可能有幫助，但長期來看並不會有多大的助益。因此，我可以很有自信地告訴大家：不要為了拓展人脈去參加喝酒的場合，或者為了迎合人而花時間與不喜歡的人相處。」

我非常贊同朴軫永的這番話。相識相處了十年、但對我的事業沒有多大幫助的人，與今天才認識卻能立刻對我的事業帶來幫助的人相比，人們通常會毫不猶豫地選擇後者來進行商業或其他工作。重要的終究不是親密程度，而是能帶來多少益處。朴軫永後續說的一段話也極具意義：

「也許有些人在聽我說話時，心裡會想：『那是因為你成功了才說這樣的話啊！』但絕非如此。只要非常認真且腳踏實地培養自己的能力，必然會有人需要你。將眼光放長遠一點，不要為了培養人脈而花費時間、金錢、勞力甚至損害健康。請相信自己，腳踏實地地努力和學習。」

朴軫永主修的專業領域與歌手毫無相關。在九〇年代初期，當時大眾偏愛外表英俊的歌手，而非有特色的外型，但朴軫永以堅強的實力開拓了市場。因此，他所說的話更具說服力和真實性。觀察周遭的人，總會發現有些人著迷於建立人脈，他們並不打算填補自己缺乏的能力，只希望想盡辦法遇見對的人，覬覦著千載難逢的機會。然而，當自身實力不足時，期望在能力出眾的人面前留下好印象，藉此獲得好工作或難得的機會，這樣的期待往往難以取得良好結果。能力出眾的人非常清楚這些人是「真的具備實力」還是「假裝有實力」，抑或只是為了沾光、獲取一些利益才努力表現。而最血淋淋的真相是：若缺乏實力，那些你視為「人脈」的人，也只會把你當成某個認識的人，不多也不少，僅僅是個「認識的人」而已。我認識一位非常成功的企業家，他曾向我透露這樣的真相：「若要維持一段關係，對方必須給我兩樣東西。首先是『樂趣』，如果跟對方在一起時，我感到很有趣也很自在，不需要進行什麼具有生產性的對話，我也會很快樂；另一個當然就是『互惠互利』，必須在事業上或情感上彼此帶來幫助，這樣的關係才能持續存在，否則就只是一時的交往罷了。」

記得當時聽完這段話，我深感共鳴。再次強調，應該將建立人脈的時間用來專注於提升自己的實力。與其花時間抱怨或埋怨對方不選擇自己，不如專注於發展自己的能力，這是最快速的成功之道。

15 明明很善良，相處起來卻不太舒服的人

遇到某些人時，有時候會產生這樣的感覺：「明明他是在為我好，為什麼我感覺這麼不舒服？」他們給予的忠告和為人著想而做出的言行舉止，感覺更像是在干涉人，如果情況嚴重，甚至會帶給人極大的負擔和困擾。然而，他們的言行舉止又不像是出於惡意，所以也無法果斷地回絕。

心理學家安傑林．米勒稱這些人為「Enabler」[7]。所謂的「Enabler」是指有些

7. 인에이블러，在社會或心理學上，「Enabler」通常指的是一個人或機構，支持或容忍某人的不健康或有害行為，而不是幫助他們改變或解決問題。

人憑藉真心愛對方、為對方著想的名義，實際上卻在搞砸和妨礙對方的生活。他們最大的問題在於即使對方根本不需要幫助，他們卻還是興奮地想要幫助對方，反而帶給對方極大的負擔。舉例來說，有一個朋友明明不想運動，他們卻對他說：「你應該要減肥啊！你打算這樣過一輩子嗎？我來幫你吧！我們一起運動吧！」一直強迫對方做不想做的事情，這種情況就像有些父母會一直說：「這對健康有益，要趕快吃！這都是為了兒子你好！」明明孩子不想吃，卻還是準備好健康食品，並以「對健康有益、是為了你好」的理由催促孩子吃。

這些「Enabler」都忽略了一個事實，他們活在巨大的錯覺中，誤以為自己真的帶給對方的人生龐大的幫助。當對方因為他們多管閒事而感到煎熬時，他們並不會反省地認為「原來我的幫忙讓他辛苦了啊！」反而會覺得：「他現在那麼辛苦，但這只是過程啦！終究都會好轉的！」如此正當化自己的言行舉止。演員劉亞仁在電影《辣手警探》中留下一句名言：「如果不把問題當一回事，它就不成問題；但如果把問題看成問題，它就會變成問題。」同樣地，「Enabler」也總是將原本不成問題的事情放大，不斷帶給對方負擔。身邊很容易見到這類的情況，尤其在父母和子女之間。舉例來說，父母可能會說：「我都是為了你著想。」然後犧牲自己的一切在背後照料子女，即便子女並不願意。這種情況下，由於價值觀的差異，雙方必然會產生嚴重的衝突。子女會反感地問：「我根本不想要，為什麼要這樣強迫我？」而父母則可能會氣憤地說：「我這樣犧牲，你不感激我就算了，還不聽我的話？」然而，從做這些事情的初衷開始就有問題了。

首先要釐清對方的需求，即使他們需要幫助，也要確認是否需要「你的幫助」。此外，有些人會出於錯誤的理解，認為必須將自己的標準強加給對方，以此來掌握對方。他們會竭力為自己辯護，廣泛地宣傳自己是個好人，他們可能會說：「我都幫忙這麼多了，他卻連一句感謝的話都不說，還抱怨壓力大……雖然我很難過，但我又能怎麼辦呢？這是我自找的。」彷彿他們一切的付出都是為了對方犧牲，甘願忍受相應的痛苦。甚至在不需要幫助的情況下，他們也會硬要提供幫助，然後再反過來期待對方回報，施加無形的壓力。舉例來說，他們可能會強迫對方做不想做的運動，完全忽視對方的壓力和壓迫，然後說：「多虧了我，你才能養成早起運動的習慣嘛！感覺有變瘦一點了？我不會抱太大的期待，只是隨意幫幫忙而已。」如果真心想幫忙，就直接幫忙，不要淨做些表面工夫，這種期盼對方回報恩情的無形壓力，只會讓人感到荒謬又生氣。如果是自己有需求並主動請求幫助，那當然無可厚非，但正因為自己無需求，才會感到壓力，而這些人共同隱藏的特徵之一就是「自尊心低落」。

他們表面上喊著「希望對方因為我的幫忙而成長並興盛」的口號，但心中卻隱藏著這樣的渴望：「我希望成為對方重視的存在，希望對方認定我的價值並尊重我。」一期盼獲得精神上或物質上的回報。他們之所以會不斷地給予對方不需要的幫助、帶給對方壓力，也是出於這樣的心理。能夠拒絕接受這些人不必要的幫助的方法只有一個，就是要對他們的好意表達感激之情，但也要明確地告知他們自己並不需要這種幫助。「你這樣關心和照顧我，讓我非常感激，不過，現在我有很多要忙的事，沒有閒暇去做那些事，你的好意我心領囉！」只要用這種方式認定對方的好意，並且明確地予以拒絕，那麼就能阻止這些「Enabler」持續幫那些不必要的忙。如果都已經明確表態了，對方依然繼續帶給你壓力、試圖給你不必要的幫助，就果斷地與對方切斷關係吧！這樣才能守護我們自身的精神健康。

不要企圖報復那些對你造成傷害的人。
只要靜靜地坐在河邊，
你將會目睹他們的屍體被河水沖走。

——老子

16 備受尊重之人的個性特質

在建立各種人際關係時，會發現有些人即使沒有特別做什麼或說什麼，也會自然而然地受到尊重。這指的不是那些身材高大、個性兇狠或力氣很大而受人尊敬的情況，藝人姜鎬童就是這樣一個例子。和姜鎬童一起拍攝節目的所有人都異口同聲地表達「他真的很值得尊敬！」不管參與何種節目，他總是第一個抵達拍攝現場進行準備，也是全場最熱情參與節目的人。即便已站在事業巔峰，他仍然全力以赴，這樣的態度使人難以不尊敬他。下列為一些備受尊敬之人的個性特質。

1. 他們對待他人的方式，使人忍不住想尊重他們

他們絕對不會輕視他人，也會努力地關心他人的需求。姜鎬童曾經講過一句名言：「不要忘記，當你用一隻手指頭指向別人時，有三根手指頭是指向自己。在抱怨他人不合自己的心意之前，請首先反省自己。」姜鎬童總是用這樣的態度來對待他人，絕對不輕視或譴責，而是充滿了尊重。就連李敬揆[8]這種個性敏感的人，也對於姜鎬童讚譽有加。他說：「鎬童從不說別人壞話，這一點真的很值得尊重！」不在背後說別人閒話、不譴責他人且接納他人真實的樣貌，這樣的態度非常重要。讓我們仔細思考一下，假如有人對我們說：「您好，我經常聽到您的名字，很高興能夠親自見到您！」我們很難當場回答：「你可能搞錯了吧？」如果真的如此回應，這意味著我們在社交方面嚴重缺乏技巧。我們渴望他人如何對待我們，我們也應如此對待他人，這樣一來，我們就能避免受到輕視，而可以建立更加受人尊敬的人際

關係。

2.充滿熱情、全力以赴

「充滿熱情、全力以赴地做每一件事」同樣是贏得尊敬的特質之一。姜鎬童在參與電視節目《兩天一夜》時曾對成員們說過：「雖然現在是凌晨四點，但觀眾們在收看這個節目時卻是下午六點。我們全力以赴吧！」在疲憊不堪的凌晨，姜鎬童的一番話激勵了製作人員和演出人員，注入了新的動力，使每個人都全心全意地完成拍攝。就像這樣，對每一件事都充滿熱情並全力以赴的人，不論身處何地，都能贏得尊重和讚揚。只要對工作保持熱情，與他人相處時全心投入，他人也會因此

8.李敬揆是韓國的演員、喜劇演員、主持人、製片人和劇作家。

受到正能量和熱情的激勵。這樣的人對自己的能力和行動充滿自信，卻不會對他人施壓。然而，透過這種間接的能量傳遞，對方自然會獲得動力。

有一件事無庸置疑。若你全心全意投入生活，如同愛自己那般愛護他人，即便不特別說什麼或表現些什麼，對方也會自然而然地愛戴你、尊重你。

17 懂得待人處世的人，在人際關係中所堅守的準則

1. 說話前三思

我曾經遇過一個備受歡迎的前輩同事，每一位與她相處的人都對她留下極佳印象，而她的舉止與眾不同之處在於她的言辭十分謹慎，不管遇到何種情況，她都能保持情緒的冷靜，以平和的態度陳述自己的看法。因此，她幾乎不會有不當言論，使大家皆讚賞這位前輩的穩重態度。因此，我曾向那位前輩詢問她如何能夠如此謹慎、冷靜地說話，她回答說：「每次在開口說話前，我都會仔細思考。人是有情感

的動物，若沒有自覺，我們很容易被情緒左右。我也是人，偶爾也會想要按照情緒來行動或說話，在不知不覺中情緒湧上、想要發火。但在這種時刻，我會努力約束自己，『我說這番話，對我自己和對方都有益處嗎？』我會先在心中過濾一次，再把話說出來，這樣更具有理性和合理性。我通常都透過這樣的方式來管理自己講出的話。」那位前輩所說的話，我至今記憶猶新。

我所認識的那些懂得待人處世的人，大部分都明白自己所說的話具有分量，因此他們通常不會輕率地發言，而是以合理的方式來發表自己的觀點。即便是那些形象良好的人，也常常因為一次的不慎發言而導致形象崩塌。話一旦說出口，便永遠無法收回，因此我們需要時常謹慎地檢視自己習慣性使用的語言。

2. 不輕視任何承諾

我有一個非常要好的朋友，我有自信和這個人當一輩子的朋友，原因就在於他對於承諾的態度。我們已經認識五年多了，不管是什麼承諾，他從未違背過、也從未遲到過，他重視承諾的態度非常與眾不同。

此外，我有另一位曾經很要好的朋友，但現在已經不再聯絡。這位朋友總是遲到，卻不曾感到抱歉，還認為這很理所當然。他不僅對我如此，對許多人也都是如此，因為他這般不重視承諾的態度，才會錯失身邊許多珍貴的緣分。承諾就像是我們的臉蛋一樣，彼此都付出時間來見面了，應該要珍惜並妥善看待才行。懂得待人處世的人，總是會謹慎看待，所以可以贏得許多人的愛戴和尊敬。

3.不會把人當成「生意」來看待

人際關係並非理論，就算讀了很多有關「如何成功談戀愛」的文章，我們也不能立刻成為愛情專家。同樣地，人際關係也是如此。如果我們認為某人對我們在物質上沒有幫助，就隨便對待；或者因為對方在物質上對我們有幫助，一見面就直接談正事，這些行為都會大大降低人情味。這會讓人認為我們只會和對自己有幫助的人見面，或者只是因為需要才與某人見面。即使沒有特定目的，也可以用柔和的語氣與對方聯繫，說：「我突然想起你，所以聯絡你了。」或者，就算沒有生意要談，只是單純相聚、分享生活，這些充滿人情味的人身旁，也總是充滿許多朋友。

18 心態庸俗和低賤的人們所具有的三個特徵

1. 僅記住所付出的，卻忘記所獲得的

心態庸俗和低賤的人，即使只給予他人微不足道的好處，卻將其視為如泰山般龐大的恩惠。然而，過去獲得他人泰山般重大的恩惠，他們卻可能視為微不足道，甚至完全忽略。他們一輩子都記得自己買了價值三千韓元的咖啡送給別人，卻習慣性地忘記自己曾收到價值數百萬韓元的好處。在與許多人相識之後，你會發現這種類型的人相當多，他們的記憶迴路很簡單：忘記自己曾獲得的好處，只記得自己付

出的一切。因此，他們常常以無禮的方式對待他人，這種態度會引發大量的衝突，甚至導致他們與朋友的關係破裂。

2. 愛擺出如天高的姿態，卻把他人貶低到地底下

我曾經遇過一些心態庸俗且低賤的人們，大部分的人都「寬以待己，嚴以律人」。在某次聚會上，有人因為交通堵塞遲到了約三分鐘，儘管他真誠地道歉了，但我的某位朋友卻不斷責怪那位只遲到三分鐘的人，說著：「早知如此，你就應該提早出門，這樣才能準時到達啊！」然而，在另一個場合，這位朋友卻因為自己完全記錯聚會時間，遲到了兩個小時，那時他卻對別人說：「抱歉，我有些事情不得不處理，希望你能理解。」他隱約流露出想強迫對方理解的意圖。當時參與聚會的朋友們看到這一幕後，都對他失去了尊重之情。「我做是浪漫，別人做是出軌」的

這種心態在他們心中根深柢固，因此他們對別人的要求十分嚴苛，並且毫無顧忌地表現出無禮的言語和舉止。然而，我們首先要謹慎檢視的是自己，而非他人。

3. 刁難和干涉他人的生活

那些心態庸俗且低賤的人，明明只要管好自己的生活就夠了，卻總是喜歡無端地干涉別人的生活，就像是在他人的生活中撒滿了不必要的調味料。「喂！那個真的不怎麼樣啦！我嘗試過了，這個更好。」「喂！你居然花那麼多錢買這個？哎啊……這裡有個冤大頭耶！」明明那個領域他們毫不瞭解，卻仍竭盡所能地刷存在感，企圖干涉並擾亂對方的決定。若對方因此疏遠他們，他們又會聲稱自己只是誠實表態罷了，問題都出在對方無法接受自己的觀點上。然而，當有第三者指出他們正在干涉別人的生活時，他們又會大發雷霆地回嗆：「你懂個屁啊！」

如果你身邊有這類人，應該盡早與他們斷絕關係。他們恐怕是因為對自己的生活不滿意，才想要將對方拉下水；他們感受不到人生的樂趣，才喜歡對他人的生活指指點點，想從中獲得樂趣。我們完全不需要因為這種低賤、庸俗的人而承受壓力，也無須讓他們奪走我們生活中的幸福。別讓他們動搖你生活的主導權，果敢地切斷關係、勇敢地採取行動吧！請銘記在心，這是我們追求幸福生活所需要的最關鍵態度。

若想變得幸福，
你需要有被討厭的勇氣。
當這種勇氣湧現時，
人際關係會即刻產生轉變。

——阿爾弗雷德・阿德勒

PART 4

值得共處一生之人的共同特徵

19 極具魅力之人的特徵

1. 使用適合自己的香水

有些人會使用自己專屬的獨特香水，因為嗅覺是五感中最為重要的，有些人便會利用「嗅覺」來彰顯個人風格。人們經常會因為某種氣味而記住一個人，因此極具魅力的人通常都擁有一種能夠引起他人注意的特殊香氣。找到適合自己的香味並不容易，並不會因為使用了昂貴且口碑很好的香水，自己的身上就會散發高貴且好聞的香氣。極具魅力之人不在意香水的品牌或價格，為了找出與自己的風格和感覺相匹配的香味，他們付出了許多心血。努力找出自己獨特的香味並展現出來是一項不容易的任務，他們既然有能力找到一款完美契合自己的香水，當然也有能力去關懷他人、與他人融洽相處。

2. 在「外貌」和「氛圍感」方面下足了工夫

能散發魅力的要素中，最重要的要素之一就是「外在形象」。「外貌不重要」的論點純屬自欺欺人，據說人們只需零點二秒就能從外表判斷一個人具有多少吸引力。這顯示出「打理外貌」對於人際關係的確至關重要。不需要多帥或多美麗，只要留給人「精心打理」的印象，就充分展現出吸引力了。這些人不僅在外貌上下工夫，也非常努力塑造出獨特的氛圍感。他們努力塑造出知性、沉穩、充滿熱情等自己理想中想展現給他人看的形象，因此這些人肯定會越來越有魅力。

3. 言語端莊

有魅力的人會精心雕琢自己所說的每一句話，他們的言語簡潔而不平淡，充滿趣味但不輕浮。與他們對話時，你會自然而然地感受到尊重，這種尊重既不會令人感到有壓力，也不會太過浮誇，是以非常自然的方式來呈現。我有一位朋友，講話的方式非常端莊，就連在詢問我的意見時，他也會說：「能請你告訴我你的想法嗎？」以極為尊重我的方式來進行對話。假若換成其他人，他們可能會用「你怎麼看？」或者「你覺得咧？」的語氣來詢問我。儘管這位朋友講話稍微冗長了一些，但對於這位朋友而言，尊待對方是首要之務，言語端莊的人確實能讓對方產生被尊待的感受。

4.善於掌管情緒和態度

他們的獨特之處在於無論處於什麼情境，都能夠善於掌管自己的情緒和態度。他們努力避免輕率行事和說話，也不會讓情緒影響做事態度。他們深知若是讓情緒影響做事態度，會讓同伴感到不適並承受壓力，因此他們持續地控制自己，以防止此類情況的發生。

5.擁有高自尊

那些極具魅力的人擁有穩定的自尊心，他們不會被外在事物動搖。他們累積了許多成功的經驗，因此對自己有確實的信心，也相信自己無論做什麼都會很出色。然而，這種自信並不會散發出自大的氣息，他們能夠巧妙地維持合適的界線。

6.不隨波逐流

「喂！這個最近超級流行耶！」「聽說好多人都在買這個呢！」「聽說這裡最近很夯。」即使這款式並不是自己的菜，許多人卻會因為「大家都喜歡」、「大家都在穿」、「大家都會去」而隨波逐流。雖然這種情況不算什麼，但很難讓人散發出吸引力。因為這看起來只是盲目追隨，缺乏明確的個人主見。相反地，真正有魅力的人絕不會隨波逐流，他們清楚自己喜歡什麼、擅長什麼，並且將所有的時間和精力都投入其中。雖然可能與流行趨勢不符，或許不會被稱讚為「很潮」，但這樣的人身邊總是會有不少朋友。

7. 言行一致

極具魅力的人非常清楚，即便只是輕輕的一句話，那句話也具有相當的分量。他們只會將能夠真正實現的事、必須要實現的事情說出口，並且竭盡全力去實現它。對他們而言，說出口的言語就像是一份無形的承諾一樣，如果言行不一致，就難以贏得人們對自己的信任。相反來說，若是言行一致，就會更加令人信任、成為可靠的人。與其說一套、做一套，言行一致的行為更能產生「一加一大於二」的協同效應。

有魅力的人無論處於何種狀況，都深信自己是生活的主角，因此比任何人都更積極、更主動地生活。事實上，這些極具魅力的人，他們身上的魅力都不是一夕之間形成的。他們會尋找適合自己的香水，照鏡子練習說話和姿態；為了自我成長和心態養成，他們會勤勞地閱讀。魅力並不是天生的，每個人都可以透過不間斷地練習變得迷人。最重要的是決心，只要先描繪出理想的生活，然後一步一步地實現它就行了。隨著時間的過去，你將會遇見更具魅力的自己。

20

瞭解人性的最佳方法

我曾經有一段時間，因為人際關係而感到極度辛苦，而當時我感到辛苦的主要原因來自於「對對方無端的期待」。我內心的想法是：「我付出這麼多，你應該要有相對應的回報吧！」然而，當我以這種心態去對待對方時，雖然有些人會感激我的好意，甚至會給予更大的回報，但也有些人將我的好意視為理所當然，甚至認為「你本來就應該要幫我這點事情，不是嗎？」如此地提出更不合理的要求。我統一地善待每個人的結果剛好呈現對比，一半的人珍惜我付出的心意，並對此感激不盡，彼此形成更深厚的關係；而另一半的人則將我的心意視為理所當然，甚至試圖利用我。我花了大量的時間來整理周圍的人際關係後，得出了兩種最佳的方式來理解人性。

1. 無條件友善待人，依照他們提出的需求予以幫助

正如之前所提到的，人類的特性之一就是會特別關注那些對自己友善，或對自己有好感的人，然而，我們必須要學會分辨他們關注的眼神究竟是出於真心感激，還是企圖利用人。如果想瞭解某人的本性，那麼即使現在會稍微吃點虧，也依然按照他所拜託的來幫忙吧！為了對方付出時間和精力吧！只要這樣嘗試，就可以立刻分辨出對方的本性，可以分辨出對方是把你的付出視為理所當然，還是會願意給予更大的回報。從長遠的角度來看，最初的微小虧損反而帶來更大的利益，若模稜兩可地表示好意，反而更難將那些人際關係切割乾淨，只能像長了惡性腫瘤一樣將人

留在身邊。那些消耗我的能量和精力的存在，從一開始就應該洞察出他們的本性，然後果斷地剪除。

2. 觀察對方的言行是否始終如一

有許多人只會出一張嘴，把自己說得跟比爾·蓋茲、伊隆·馬斯克、史蒂夫·賈伯斯一樣了得。然而，真正能像他們口裡說的那樣，取得傑出成就的人，打著燈籠都找不到。這就如同一個上班族說：「我真的很討厭上班，我要努力經營YouTube 頻道，然後就離職！」不過，五年過去了，他卻連開始都還沒開始，依然不斷抱怨公司。每個人都可以用嘴巴說大話，但能將說出口的言語落實在現實中多少，就代表那人擁有多少真實力。此外，有些人會不斷更改自己講的內容。以前我去購買某個物品時，有一些店員在我購買前說：「這部分我會給全力協助。」但當我真的要購買時，他們又突然改口說：「啊！但這部分可能有點困難。」當然，店員們想盡辦法誘使顧客購買，是可以提升他們收入的積極舉動，但若以謊言迷惑顧客，想盡辦法將他們帶到收銀台，從長遠的角度來看，對店員本身也是嚴重的損害。人們不是笨蛋，如果持續做出這種行為，這個人的形象最終會變得像「放羊的孩子」。因此，想透過日常生活來瞭解一個人的本性，最好的方法就是細心聆聽那人說出來的言語。他昨天講出來的話，是否今天有改口呢？

如果有人感覺上是真心對我好，但不確定那人的本意，不太知道如何判斷那人的本性的話，建議要記住這兩點並仔細觀察。他是否把我的付出視為理所當然？是否不記得自己說過的話，輕忽言語的分量？我們一起銘記在心吧！對於把該感激的部分視為理所當然的人，以及對自己說過的話不願意負責的人，我們沒有必要和他們建立深厚的關係。

21 懂得待人處世的人，讓無禮之人使不上力的方法

在我們周遭偶爾會遇到一些懂得待人處世的人，能夠瞬間讓無禮之人使不上力，這些人身上具有兩個共同特點。

1. 他們並非不理解無禮之人的意圖

這些懂得待人處世的人，並非不瞭解無禮之人言行背後的意圖。面對久未碰面或者關係並不親近的人，無禮之人卻能一開口就說：「你的穿衣風格依然這樣啊？

看起來像個大叔。」或者明明不打算提供就業協助，卻一直追問：「你要待業到幾時啊？」如此對別人的人生挑三揀四。無禮之人表面上假裝擔心對方、為對方著想，聲稱：「我是怕你的形象太俗氣，我只是點出了你造型方面的問題，我這個人一向很誠實嘛！」「老實說，你已經過了待業的年紀啦！你也應該考慮一下父母的感受吧！」無禮之人將無禮的舉動偽裝成擔心，讓人不知道該如何回應才好。不過，這些無禮之人的心態跟你想的非常不一樣。

無禮之人企圖站在評價他人的位置上，操縱他人的心理，希望他人依賴自己、將自己的言語視為綱紀。他們期盼自己被崇拜、被當成了不起的人。然而，懂得待人處世的人不會被對方牽著鼻子走，也不會一一回應無禮之人的評價。他們打從一開始就不會將那些不懂事的無禮之人的評價放在心上，當聽到無禮之人說的話時，他們不會自我質疑或煎熬地想：「哎呀，我真的這麼俗氣嗎？我這樣穿很像大叔嗎？」「我現在應該要停止努力嗎？」相反地，他們會心想：「你還是先過好自己的生活吧！」然後將那些話拋諸於腦後。在聽到無禮之人的發言時，不需要反芻思考說：「為什麼他說出那些話呢？」與其針對那些沒意義的言論煩惱、影響自己的心理健康，倒不如舒服地休息更好。因此，當他們作出無禮發言時，只要輕輕地說：「我知道了。」這樣一來，就能從根本上終止無禮的延續。當他們的無禮言行遭到忽視時，他們就會立刻感到無力。

2. 將憤怒轉化爲惻隱之心

我有一位朋友，某天突然怒氣沖沖地來找我。她有一位交往了六年的對象，正準備要舉辦婚禮，當她未婚夫的婚禮手錶品牌被一位熟人問起時，她就坦然告訴了對方。然而，對方卻說出一句令人難以接受的話：「要當作婚禮手錶用的話……這個品牌等級不會太低嗎？妳應該花多點錢買一個高級的手錶才對啊！」我的朋友一時之間無言以對，心中充滿了憤怒和煩躁，至今仍對此耿耿於懷。於是，我跟她說：「把他視為一個需要被同情的人吧！結婚這種事，恭喜都來不及了，竟然還講出這種話，這個人一定是自卑心理作祟。代表他很可憐啊！甚至還要拿手錶品牌來大做文章，企圖搞砸別人的心情。他的人生肯定過得很慘，才會想要對別人的人生說三道四啦！妳不要把這些話當一回事，把憤怒的情緒轉化為惻隱之心，應該就不會再想到這件事了。」我如此安慰了這位朋友，結果她的情緒變得非常平靜，心情也變好了。

就如同上述所提到的，對於無禮之人，最大的報復就是「漠視」。他們彷彿是將別人的痛苦當作糧食來吃的怪物，當別人因為自己感到煎熬，他們會感到喜悅，也會變得更加強大。因此，千萬不要成為他們的獵物，只要徹底忽略他們，把他們視為可憐人來同情就好。只要堅持這兩種態度，對待無禮之人的應對就會更加明智和有智慧。

往者不追，來者不拒。

——孟子

22

值得共處一生之人的共同特徵

Antenna娛樂的代表兼天才作曲家柳喜烈[9]廣為人知，他主持的節目《柳喜烈的寫生簿》大受歡迎。柳喜烈本身是首爾大學的畢業生，一般人在想到他時，大都認為他成長的過程非常順遂，但他在節目《我家的熊孩子》中坦率地談及自己艱辛的往事。

「我的父母在我年幼時就離異了，我和母親一直相依為命，因為我對自己的

9. 常見譯名另作柳熙烈，是韓國男主持人、歌手、作曲家、電台DJ和作家。

家庭狀況感到很羞愧，所以總是對人隱瞞這個事實。然而，有件事讓我極其擔心。當時我有一位女朋友，每當我認真思考我和女朋友的未來時，我就感到非常擔心，因為當時我將不完整的家庭關係視為我人生的大缺陷。

「然而，最終我決定讓女朋友和父親見個面，但我自小以來從未與父親來往，幾乎是隔了十幾年，第一次和父親見面打招呼。喝了一、兩杯酒後，氣氛變得有些尷尬，彼此心中也有一些怨念，所以……很難忍受那個氛圍。我感到自尊心受損，覺得自己的缺陷被揭露出來，甚至難過到流下眼淚。

「不過，當時的女朋友說了一些話安慰我。當我聽到她說這些話的時候，突然覺得我遇到了可以共度一輩子的人。那時候，女朋友對我說：『難道我是為了變得幸福才和你交往的嗎？當然不是啊！就算我過得不幸，只要能和你在一起，我就很滿足了。』

「這段話讓我原有的價值觀完全崩塌。啊！我和這個人一起走向未來，應該會很幸福吧！」

對於心儀的人，我們往往希望展現出最好的一面。因為有好感，當然會想好好表現給對方看，同時也在心中默默期待對方能夠表現美好的一面。然而，我們無法每時每刻都只呈現出好的一面，有些時候，我們必須展現自己軟弱的一面，甚至是不想被人發現的缺點。

然而，當你展現出自己最真實的模樣時，可能有些人會感到失望並離開自己的身邊。不過比起那些人，能夠接納、理解並包容自己真實模樣的人，就值得共度一生。

人們無法每時每刻都感受到幸福，有時候會因為意見分歧而引發爭吵，甚至會有所衝突。然而，不要只把衝突當成衝突看待，而是要調整我們的心態，將衝突視為「為了解決問題而付出的努力」，藉此努力地建立更好的關係。通常那些能夠接受我們原本樣貌的人，都具備這種心態。

有些人只能陪伴我們享受快樂的時光，但與其將時間花在這樣的人身上，不如花更多時間專注於和那些在我們陷入困境時依然堅定地陪伴並給予安慰，賦予我們克服困難的勇氣之人身上吧！能夠毫不保留地在對方面前展示自己的缺點，讓自己活得像自己的人，與這些人多交往，將有助於我們變得成熟。

23 在建立人脈之前，要先累積實力的原因

打造出 Wonder Girls、2PM 等大受歡迎的偶像團體的朴軫永，以具有實驗精神和獨特的曲風贏得了大眾的認可，不僅成為了一位成功的歌手，也擔任 JYP 娛樂的 CEO，取得了雙重成功。

儘管他有許多成功的秘訣，但在眾多的廣播節目和訪談中，他總是一再強調同一個重要觀點：「不要過度追求人脈關係。」

朴軫永強調「不要過度追求人脈關係」的原因如下：

1.實力勝於人脈

「短期來看，人脈可能會有所幫助；但長遠來看，人脈並不會真正幫上忙。應該要重視實力勝於人脈嘛！當我們具備了一定的實力，人們自然而然就會開始關注我們。」

2.如同字面上的意思，「無意義的聚會」毫無意義

「有些人為了擴展人脈而勉強參加應酬，甚至花時間與自己不喜歡的人相處。然而，難道只一起喝酒一次，就能夠締結緣分、建立人際關係嗎？只需要幾個投緣且志同道合的朋友就足夠了。如果有空閒，不妨拿那些空閒時間持續自我提升。」

3.拿那些打高爾夫球、參加應酬的時間來栽培自己吧！

在南韓，建立人脈主要是在兩個地方進行的，就是有女性陪酒的酒店和高爾夫球場。不過，這兩者我一律不參與。為了滿足自己，我們必須充實地運用一天二十四小時，盲目地建立人脈就跟毒藥沒有兩樣。

想必身邊經常可以見到把人脈當作實力、忙著追逐人脈的人。當然，人脈在某些時刻會發揮作用，只要有人實際給予幫助，我們就能在心理上獲得安定感。然而，人脈就只是人脈而已，如果我沒有實力，即使我把他們視為人脈，他們也只會把我當成認識的人。因此，持續累積實力、透過成就來證明自己是更為重要的。

為了要過上「好生活」，就不要緊緊追著身旁的人，而是讓「自己」成為主體，堅持不懈地付出努力，讓自己可以倚靠實力，過上穩定的生活吧！只要持續證明自己、累積成就，所期望的人脈，自然而然就會累積起來了。

24 心理學家的人際關係建言

1. 與沒有深交的人，只談論輕鬆的話題

面對沒有深交的人，不需要刻意將內心深處真誠又沉重的話題拿出來討論。他們不僅聽不懂，甚至可能會感到非常尷尬。舉個例子來說，如果你希望實現經濟自由，並且想要更深入地學習經濟／金融，但對方卻只想談談生活中的不滿或者異性等輕鬆的話題，那麼只需要面帶微笑地聆聽即可，沒有必要跟對方說：「喂！你現在只想這個怎麼行啊？我們都已經這把年紀了，應該要懂經濟才行啊！這樣才能

有舒適的退休生活。」每個人的格局都不同，人們的言行舉止都是搭配自身的格局做出的，也會與自己格局相符的人氣味相投，「物以類聚」這句成語並非空穴來風。因此，如果對方只想談論一些輕如羽毛的輕鬆話題，或者輕鬆看待那些你認為嚴肅又認真的話題，那麼你只需要搭配對方的水準來交談，傾聽他們的聲音並適時回應就好。

2. 面對無禮之人，就簡潔有力地回應吧！

面對那些經常做出無禮行為的人，有各式各樣的應對方式。就像這本書中不斷提到的，可以提醒對方：「您已經越線了。」或者故意講出更無禮的言論來堵住對方的嘴。此外還有另一種方法，就是以簡短的回應來句點對方。例如在對方說出無禮的話之後回應：「是的，沒錯」、「我明白了」等，用這些話來句點對方，讓對話難以繼續發展下去。假如對方跟你說：「你不能那樣生活啦！」不需要生氣或憤怒地回應說：「我的生活怎麼了？」而是要用這樣的方式來回應：「好的，我知道了。」只要冷靜理智地回應而不參雜個人情緒，對方就無從反駁，甚至他們可能會說：「我這麼擔心你，你為什麼這樣回應我？」若遇到這狀況，你只需要乾淨俐落地回答：「你不需要擔心我。」對方就會一時之間無言以對。面對試圖挑起你情緒的人，不要展現出自己的情緒波動。

3. 不要接受任何無禮的要求

我小時候曾經認為，只要是很熟的朋友的請託，就算要我下地獄我也應該答應。即使對方的請求或提議是我在現實中完全無法做到的事，我仍然堅信我必須想盡辦法來幫助他們。然而，這種價值觀使我的人際關係產生了很大的壓力，我竭盡所能地幫對方完成了心願，卻有更多的問題隨之而來。那些提出無禮要求或需求的人，連一個都不漏地，全部變本加厲，提出了更無禮的要求。最後，我不再是為了友情而答應請求，反而是為了應付他們而答應請求。我意識到「再這樣下去不行！」於是就鼓起勇氣拒絕了一次，才發現拒絕無禮的要求比想像中容易，我自己也變得輕鬆多了。從那之後，每當遇到不合理的請求時，我就會堅定地回應說：「那超出了我的能力範圍。」

常常見到有些人為了維持良好的人際關係而勉強地聽從無禮的要求，然而，我們必須時刻謹記：不需要為了維護良好的人際關係而勉強地聽從無禮的要求。若持續答應對方無禮的要求，可能會形成一種上對下的關係，導致這些無禮的要求逐漸變得理所當然。

一開始可能會覺得拒絕別人很困難，但久而久之就會適應。當我們拒絕對方時，對方的大腦也會出現控制機制，意識到：「啊！原來我不能提出這樣的要求啊！」因此，不需要聽從任何不合理的要求，這是可以保護自己，也可以維繫健康人際關係的最佳態度。

若想區分他是好人還是垃圾，
就友善、親切地對待他吧！
好人會在未來某個時刻思考該如何報答你，
而垃圾則會預謀何時該脫下面具。

——摩根・費里曼

PART 5

一定要瞭解的
人際關係常識

25 在人際關係中值得畏懼之人的特徵

1. 表面上看起來很安靜，卻能很好地洞察對方

在人際關係中，不會輕易展露自己情緒的人，往往才是真正值得畏懼的。比起情緒很外顯的人，那些善於隱藏情緒的人更值得畏懼。看到對小事情大發雷霆的人，你可能會在心中默默評論說：「我得小心一點」、「他居然因為這麼小的事就發火」。然而，這些安靜的人卻讓你猜不透他們對你的看法，因此，面對他們自然而然會變得謹慎，這些人會默默地在心中細膩地觀察並掌握對方的特點。我有一位

大學同學，他就是這樣的一位朋友。我都忘記我曾經說過自己生日想要什麼禮物了，然而在幾個月後我生日那天，他居然能夠準確地送我想要的那份禮物，即便當時我只是隨口一提而已。他還知道我是左撇子還是右撇子、我是哪種血型，連我的ＭＢＴＩ類型都掌握得清清楚楚。他們之所以會掌握這些細節，代表他們對對方非常感興趣。然而，他們的細心也意味著一件事：如果被他們的雷達探測到，可能會無意中觸碰到他們的底線而被排除在外。當他們對於對方的某些行為或言論不滿時，他們並不會明確表達，而是會悄然遠離。

2. 對人際關係毫不戀舊

這類人面對人際關係幾乎毫不戀舊，你可以想像一個不透明的盒子內有許多種糖果選擇，像是可樂口味、汽水口味、巧克力口味、蘇打口味等，那麼只需要隨便挑一個口味來吃即可。然而，假設只有肉桂口味和巧克力口味兩種選擇，那麼我一定會選擇巧克力口味，並且會想盡辦法成功挑對巧克力口味。人際關係亦是如此。對於擁有多個可替代的相處對象，或者即便獨處也不會感到孤獨的人，通常面對人際關係不太會戀舊。因此，他們不會硬逼自己與不合適的人相處，他們相信總會有更適合、更合拍的人存在，所以會果斷地整理掉其他人際關係。

3. 儘管平時善解人意，但一旦對方越線，他們會毫不猶豫地斷絕關係

我們周遭可能會有這樣的人：他們討厭爭吵，平時友善待人，對大多數的事情都妥協讓步，我們常常稱這樣的人為「好人」。但事實上這樣的人有著一些令人畏懼的特點，也可以說這些人有著自己所設定的「底線」，簡單來說就是他們的「絕交觸發點」。當人與人之間的界限被逾越時，大部分的人都會生氣或爭吵，但是這

些人並不會發脾氣或吵架，而是會徹底地切斷人際關係、將對方從生活中排除。平常他們會努力去理解對方、退讓和忍耐，但一旦對方觸碰了他們的底線，他們不會與對方爭吵，而是會靜悄悄地結束這段關係。他們認為與其因爭吵而造成情感的耗損和衝突，倒不如果斷地斷絕關係。他們並不期望對方作出任何改變，因為他們斷定這些問題很難輕易改變。他們覺得說出「我希望你這樣做、我希望你那樣做」這樣的話很麻煩、尷尬，感覺即使提出要求，對方仍然不適合待在自己身邊，不值得因對方產生情感消耗和壓力，所以他們才會選擇結束關係。被絕交的人可能會感到非常委屈，但是他們絕對不會因為對方越線一次就貿然與對方絕交、斷絕關係。堅守自己的底線的人通常會先忍耐，直到他們斷定「忍耐無效」，才會結束關係。在那之前，他們會持續忍耐、努力關懷對方。如果被絕交了，不要馬上覺得自己很冤枉。應該先反思自己是否曾用心傾聽對方的想法和建議？自己是如何對待對方的？

26

在人際關係中必須瞭解的常識

1. 不必參與所有婚喪喜慶邀約

以前我總是盡量參加所有的婚喪喜慶邀約，即使我和那個人並不親近，我也會犧牲週末，花上四個小時的車程前去參加。我記得有一次，即使我很有誠意地出席了，對方卻毫不在乎，讓我非常失望。然而，我現在已經毫不在意了。雖然當時極度失望，但事後回想，我似乎有點反應過度了。自那之後，我再也不隨意赴任何婚喪喜慶的邀約，除非是很親近的關係才會參與。因為我切身感受到，如果是隔了數年才見一次面的朋友，沒有必要非得去參加。

事實上，如果彼此處於一種「給不給喜帖都沒差」的微妙關係，而且又沒有其他朋友可以陪同去參加婚禮，即便去了，也勢必會感到相當尷尬。這種微妙的人際關係，不特別維繫也無妨，對方很可能也只是出於禮貌才送喜帖給你。

2. 遇到壞朋友請慢走不送

有些人就像自尊心小偷，每當與他們相處時，都使我筋疲力盡、心情不愉快。「我很瞭解你啊！」、「我跟你相處很久了，我懂啦！」這些人會用這類的言語來削弱我的力量、限制我發展的潛力。當我滿腔熱血地分享要挑戰的事物時，他們不但不給予支持，還會阻礙我前進。即使彼此相識已久、擁有許多共同回憶且度過無數的時光，我們仍然需要果斷地切斷與這些人的關係。光是要找尋到好朋友，時間就不夠用了，不能將寶貴的時間和情感浪費在這樣的人身上。

3. 不要和他人比較

有時候看到比自己年輕的人成功的模樣，我們會大受打擊。在南韓，「比較文化」非常盛行，在這種文化中成長的人，難以避免被比較的命運。例如：「隔壁的民植這次考了滿分耶……」、「隔壁的秀雅考上了首爾大學耶……」南韓甚至出現了「媽朋兒」[10]、「媽朋女」[11]之類的詞彙。普遍存在的比較文化削弱了我們的自尊心，讓我們感覺自己一無是處。然而，我們必須記得一件事：人生沒有標準答

10. 韓文為「엄친아（엄마 친구 아들）」，特指家長在誇讚別人家小孩時常用的開場詞，例如：「媽媽朋友的兒子，長得很帥又會讀書……」

11. 韓文為「엄친딸（엄마 친구 딸）」，特指家長在誇讚別人家小孩時常用的開場詞，例如：「媽媽朋友的女兒，長得很漂亮又會彈鋼琴……」

案，每個人只是走上不同的路罷了。我們每個人都有自己的人生，拿自己和他人比較是世界上最沒有意義的事情。因此，不要心急，不要將別人的高光時刻和自己的人生進行比較，按照自己的步調慢慢前進吧！

4. 當衝突越演越烈時，稍微深呼吸一下或出去散步吧！

與人發生衝突時，雖然希望能當場以理性方式來解決，但實際狀況常常不如預期。有時因情緒激烈而發生爭吵，最後留下難以忘懷的傷痛。在情緒變得激動或衝突越演越烈時，很難作出理性判斷或正確決定。這種時候，可以稍微深呼吸一下。如果在情緒激動的狀態下發言，只會讓衝突加劇。即使深呼吸，心情依然無法平復時，你可以先取得對方的諒解，然後暫時去吹吹風或散步。出去吹吹風或散步可以讓心情轉換，慢慢消化激動的情緒，回想一下發生衝突的瞬間，同時進行理性判斷。

27 在人際關係中毫無意義的堅持

1. 離開的緣分

我曾失去過一位與我相交十年的朋友。我們年幼時感情非常好，但由於個性差異甚大，我們之間發生了很多爭執，然後在某一時刻我們便斷絕了聯絡。我難過了好幾個月，因為我一直希望能再次聯絡上那位朋友、修復我們的關係。然而，有一位我很信賴的大哥似乎看穿了我的心思，告訴我說：「對於已經離去的緣分，不需要耗費太多精力去思考，只要祝福彼此過得幸福，然後盡全力將自己的生活過好，這就是最棒的方式。」聽完後，我努力不再為了離去的緣分煩惱，而是專注於該做的事情，漸漸地就不再因為那些人感到痛苦了。不管是已分手的戀人，或是因性格和價值觀不合而決定分開的朋友，面對這些離去的緣分，我們不需要感到痛苦。反正都分離了，回想與他們之間的美好回憶，只會讓自己心痛。雖然遺憾，但離開的事實不會改變，比起他們，更重要的是我們現在的生活，以及還留在身邊的美好緣分。

2. 無用的嫉妒心

嫉妒大致分為兩種：健康的嫉妒和無用的嫉妒。健康的嫉妒是指：當看到那些成功的人，努力取得自己想要的成就時，心中產生：「哇！我也想成為那樣的人！」的想法。這種健康的嫉妒心可以轉化為成長的動力，讓人努力改變自己的人生。例如，在YouTube上看到有人在三十歲就達到財富自由，便開始仔細研究那人是如何實現財富自由的，然後將這種方法應用在自己的生活中，努力讓自己變得更好。

另一方面，無用的嫉妒則是這樣的：「這人肯定是含著金湯匙出生的吧！」「他哪有多優秀？」「一定是用不正當方法賺錢的！」用這樣的方式來貶低對方的成就或成功價值，將對方變得渺小且無足輕重。然而，這種思維方式對自己毫無幫助。

「如果我有錢……」、「如果我也用不正當的方式……」、「如果有人幫助我……」這種毫無意義的假設只會讓自己進入一種虛幻的幸福世界，但現實終究是殘酷的。這種和現實脫節的假象狀態持續擴大，嚴重時可能演變成「病態說謊」或「雷普利症候群」[12]。因此，把那些對生活毫無幫助的無用嫉妒心拋下吧！

12. Ripley syndrome，意即人陷入了提升身分的慾望而不斷說謊，以致最終自己也難以分清究竟是真實還是謊言，而生活在幻想中形成的人格障礙。

3. 下定決心要報仇

米蘭・昆德拉的小說《玩笑》的故事情節如下：主角在給自己喜歡的女學生的信中，寫了一句玩笑話。正是這句玩笑話，導致他被迫中輟大學，失去青春歲月，數十年來一直受困於過去。他決定要報復讓他陷入這種境地的昔日同學茲馬內克，一心想找到復仇的機會。然而，數十年後再次遇見這位同學，卻發現他與過去討厭的形象大相逕庭。主角究竟為了什麼，花費數十年的歲月呢？讀這本書時，我深深地反思這個問題。在人際關係中，許多人希望花時間報復那些曾輕視過他們的人，然而這種行為很沒效率。他們共同的想法是：「我要讓你感受到我所經歷的痛苦，報復你對我的輕視。」但這種價值觀對於自身的生活並無幫助，甚至可能讓自己的人生走下坡。因此，不要因為復仇情懷而毀掉自己的生活。反之，我們可以利用那些時間，去思考如何讓自己進步，並與更好的人一同享受美好時光，這樣才能夠打造更有價值的人生。

智者明白他們所需的一切，都存在於自己裡面。
他們會努力自我改進，不會輕易對他人生氣。
相反地，愚昧者只會期待他人對自己友好，否則就會發怒。
就像將塵埃拋入風中，最終塵埃會返回自己身上；
同樣地，不幸也會回到造成不幸之人身上。

——托爾斯泰

28

善良卻不容易被欺負之人的特徵

在建立人際關係的過程中，我們會遇到這樣的人，他們像傻瓜一樣善良，卻不會輕易被他人利用。即使如此，他們也不會因為失禮或缺乏禮節而受到不良的評價。他們不僅親切有禮，同時也在盡自己的責任之餘堅守自己的底線，是極具氣魄的人。以下是他們的特點總結。

1. 遇強則強，遇弱則弱

在韓劇《浪漫的體質》中，女演員全汝彬（전여빈）飾演一位紀錄片導演。在劇中，她所扮演的角色具有典型的「遇強則強，遇弱則弱」特質，當面對閨蜜時，她表現出無比的溫柔友愛，然而面對劇中飾演廣告導演的男演員孫錫求（손석구），她卻因對方的高壓態度，以更強烈的口氣回應並堵住孫錫求的話。她對於柔弱的人表現出極大的溫柔，然而對於強勢的人，她則展現出更為堅決的姿態，此角色帶給了看劇的觀眾們「替代滿足感」。像全汝彬這樣的角色，在現實的人際關係中也同樣存在，這些善良卻不容易被欺負的人，平時對所有人都表現得非常友善，然而他們卻能像通靈一樣辨識出誰是無禮之人。這些人通常善於洞察他人，能夠清楚辨別出哪些人可能對自己或他人造成傷害。當需要向這些人說「不」時，他們比其他人更能明確且堅定地表達自己的立場。因此，人們對待他們時通常不敢輕忽，而是給

予他們應有的尊重。

2.適度的「My Way」

有些人自稱「My Way」（做自己），表面上標榜自由，實際上卻帶給許多人困擾。

舉個例子：有人說要做音樂，就完全不考慮到噪音，自顧自地在家裡播放嘈雜的音樂，甚至還唱歌跳舞；或者一邊抽菸一邊說：「我的健康，我自己看著辦」，在禁菸區域裡隨意抽菸；還有人主張自己有自由的權利，明明身處人潮洶湧的地方卻不戴口罩。這些行為根本不是「做自己」，而是缺乏基本禮貌。

然而，這些善良但不容易被欺負的人，通常會適度地「做自己」。他們在不帶給他人困擾的前提下，積極地塑造符合自己理想和未來的生活道路，也不容易被周圍的人和環境所左右。即使他人給予自己不好的評價，他們也不會太放在心上，能夠泰然處之。他們在不迎合他人評價的同時，仍然與許多人維持良好的關係。

3. 做事乾淨俐落

善良卻不容易被欺負的人們通常不會優柔寡斷，他們有著明確的主見，因此在作決定時非常迅速。我曾經跟一個朋友去咖啡廳，他光是思考要點冰美式還是冰拿鐵，就猶豫了整整五分鐘，讓一起去咖啡廳的朋友們都感到很不自在。優柔寡斷且有選擇障礙的人，常常讓人感到不耐煩和煩躁，但當我們看不下去而幫忙作決定時，他們又可能會拒絕並說：「不要啦！我覺得那個不太好。」卻無法提出更好的方案，換句話說就是「無解」。然而，善良卻不容易被欺負的人們絕對不會猶豫不決，也不會讓他人感到鬱悶，所以常被形容為「做事乾淨俐落」。由於他們擁有果斷的行動力，總能吸引周圍許多人們跟隨。

4. 擁有高自尊心

這些人在友善待人的同時也堅守著自己的標準，這代表他們內在堅強，換句話說就是「擁有高自尊心」。他們對自己充滿信心，所以能夠像前述的特點一樣行動。他們謙虛，但絕不卑躬屈膝；他們禮貌得體，但決不容忍無禮，這種堅毅大多源自於對自己的確信。基於高自尊心，他們毫不保留地展現出柔和而堅強的一面。

換句話說，他們之所以不容易被欺負，都是出於對自己的確信和自信感。他們清楚自己是怎樣的人、想要什麼，以及生活前進的方向。相反地，自尊心較低的人對自己不太瞭解，因此會試圖透過他人的評價和意見來理解一切，這種「他人眼中的我＝真實的我」的思維很令人惋惜。過去的我自尊心很低，雖然知道在作決定時應該要有自己的標準，但我卻只顧著看別人的眼色，按照別人的要求行事。然而，這樣生活到後來，我逐漸意識到我過的並非「我的生活」，而是「別人叫我過的生活」。我都無法理解自己了，又怎麼可能知道這樣的生活是否正確呢？因此，我非常努力地提升自尊心，尋找真正的自我。透過這樣的自我鍛鍊，我建立起了無比堅定的自尊心，不會輕易受到外界的動搖。堅信自己並堅守自己標準的人不會被輕視，也不會被看扁。因此，如果能夠將前述的四個特點充分應用於生活中，你的生活將會變得更加輕鬆自在。

29

能夠從對方那裡獲得自己所渴望之物的五種方法

被讚譽為歐洲頂尖智慧大師的巴爾塔沙．葛拉西安[13]，提供了幾種方法，以確保我們在人際關係中能夠從對方身上獲得所需，同時也能夠持續引起對方對自己的需求。

1. 成爲對方所需要的人，而不僅僅是值得感謝的人

在人際關係中，有諸多值得我們感激的人。養育我、扶持我成長的父母，與

我一同度過艱難學生時期的同窗，出社會遇到的職場同事們……全都是值得感激的人。當然，我們不應該忘記對這些人的感激之情，然而為了持續讓那些人對我們產生需求，我們必須成為對方所需要的存在。安圭浩代表在年僅二十九歲時背負著三億韓元債務，成為信用不良者，但他僅僅花了三年的時間就克服困境，成為年收入十億韓元、白手起家的成功企業家。他在自己的頻道「安隊長ＴＶ」中曾說過這麼一句名言：「在思考我想要什麼之前，我必須先思考對方想要什麼，以及我能夠為對方帶來什麼價值。」「謝謝你」、「感謝你」、「多虧有你」這樣的言語固然有助於建立良好的人際關係，但如果我們希望持續地與對方保持聯繫，就需要深思熟慮，自己能夠為對方提供什麼價值。人類本性自私，倘若我們無法在精神或物質層面上提供幫助，與對方的關係就會逐漸疏遠。我在工作的過程中逐漸領悟到這

13. Baltasar Gracián，1601-1658，十七世紀西班牙一位滿懷入世熱忱的耶穌會教士，同時又是一位思想家、哲學家。

一點，並且有了不少成長。過去，我總是一股腦地想向對方展現自己，但很容易變成「對牛彈琴」，這段關係當然就難以產生有意義的結果。然而，當我主動去掌握對方想要什麼，並思考如何運用自己的能力來滿足對方的需求時，我開始獲得更好的回應。就像這樣，我們應該成為對方需要的人，而非僅止於令對方感激的存在。持續掌握對方的需求，然後思考如何以最適合的方式來滿足這些需求吧！

2. 對潛在的敵人表達友善的態度

擁有四十一萬名訂閱者的 YouTube「經商之神」[14] 頻道主銀賢章[15]（Eun Hyun-Jang），是一家連鎖炸雞店老闆，身價四百億韓元的資產家。他在自己的頻道中，提到了關於「奧客」的內容：「在經營炸雞店和外送的過程中，總會遇到一種人，他們點了炸雞後，說炸雞裡面有蟲子，或是在炸雞裡發現了奇怪的東西，然後就大發雷霆，甚至有些人還會大罵髒話。然而，如果我們也照樣對客人發脾氣，說這種事情不可能發生在我們的店裡，問題只會鬧得更大。乾脆一開始就跟顧客說：『客人您好，我是這家炸雞店的老闆，對於帶給您困擾我們深感抱歉，您希望我們以何種方式來彌補呢？』通常這樣道歉可以大幅緩解顧客的不滿情緒。如果道歉了顧客依然很生氣，我們還可以拜訪他們的住處親自致歉，這麼一來，問題通常就會百分之百解決掉。」就像這樣，無論做什麼事，總是會面臨危機，需要去應對那些與我們敵對或者不斷生氣的人。這時最重要的是，不要與對方正面對決，而是用對方想像不到的善意來回應吧！我們的反應出乎對方意料之外，對方肯定會感到慌張，心中會產生「原來他比我想像中更親切、心胸更寬大啊！」的想法。我們人生中的奧客也是如此，當我們用小小的善意來消除對方的敵意，這些奧客就有可能會轉變為

14. 頻道名稱為韓文「장사의 신」，現有一百零五萬名訂閱者。
15. 無中文譯名，此為比對漢字音後的暫譯。

鐵粉常客。

3. 有時需要懂得裝傻

很會察言觀色的人，有時候反而喜歡裝傻。每當出現令人為難的尷尬情況，或者發現對方不斷地試探和觀察自己時，他們不會明確表明立場，而是故意隱藏自己的看法，表現出一種不太瞭解情況的樣子，例如：「我其實不太確定耶……」、「這部分我也有些疑問。」等等。擁有一百七十萬訂閱者的「申師任堂」[16]是一個經濟類訪談的 YouTube 頻道，頻道主經常與經濟領域的專家進行訪談，她本人實際上也具備相當豐富的經濟和理財知識。然而，在進行訪談時，她並不會將自己瞭解的知識全部展現出來。觀看訪談影片時，我們偶爾會發現一些內容的重複。舉例來說，已經進行過三位房地產專家的訪談，每位專家可能在貸款方面都提供相似的見解，儘管「申師任堂」很明白這一點，但她仍然在每次訪談時回應說：「啊！原來是這樣的啊？」「喔！您提供了很棒的資訊呢！」

彷彿真的得到了新的資訊一樣，她總是展現出感謝的反應。對方當然也不認為「申師任堂」真的不懂這些資訊，然而因為「申師任堂」非常尊重受訪者的觀點，不斷吹捧對方，重視受訪者所傳達的資訊，受訪者自然越講越開心，雙方一來一往的互動形成一種良好的循環，造就了高品質的訪談影片。為了從對方身上獲取所需的資訊，我們應該展現出「我願意從您身上學習，我想要學到這些知識」的態度。

16. 頻道名稱為「신사임당」。附帶一提，申師任堂是被印在韓幣五萬元鈔票上的女子。

4. 利用對方的慾望

這與之前提及「要掌握對方想要什麼」的概念相似。每個人都擁有不同的價值觀和慾望，有些人渴望巨大的財富；有些人比起財富，更重視自己的時間和自由；還有些人極度追求名譽，希望實現某種偉大的目標。由於每個人的期望和慾望都不同，所以只要掌握對方想要什麼，就更容易從對方身上獲得想要的東西。這同樣適用於戀愛中。掌握對方是希望得到外貌上的稱讚，還是希望得到對自己事業的認同和讚賞，然後特別進攻那些點，對方就會感覺到你特別不一樣。

5. 在適當的時機點提出請求

在我小時候，我是個超級不懂得察言觀色的孩子。當我和妹妹一起耍賴時，妹妹總是能夠從父母那裡獲得她想要的東西，而我卻常常得不到，甚至有段時間，我還以為父母只喜歡妹妹而不喜歡我。但隨著時間流逝，我明白了那並不是事實，問題出在於我都選錯時機提出要求。我小時候經常不顧時間，隨時提出各種請求，毫不考慮父母的心情或是時間，只要有我想要的東西，就會立刻開口。然而，我妹妹就不同了，她會等父母看起來心情不錯的時候，或者善用星期五晚上的時間提出請求。以結果來看，在大多數情況下，她都能爭取到想要的東西。因此，選擇合適的時機點來提出請求是非常重要的。如果不考慮對方的心情狀態就急著提出請求，對方可能會感到十分不悅，也會猶豫是否要答應你的請求。所以，假設情況很緊急，盡量在提出請求之前加上「真的很抱歉」或「我這麼急著拜託您，真的很抱歉」等的開場白。如果想獲得你所期望的東西，首先要考慮對方的心情狀態和適當的時機，就算講的都是同樣的內容，也會因此產生完全不同的反應和結果。

30 用最少的努力，在人際關係中獲得好感的方法

1.在打招呼後面多加一句話

有些人光是開口就能讓別人心情變好，這些人的共通點是「擅長主動跟人打招呼」，然後他們會再多加一句話，例如：「你好！你吃飯了嗎？」「你好！天氣真的很冷呢！」他們並非單純在打招呼，而是為了讓對方感受到彼此的情感交流。在打招呼後面加上一句話，讓對方可以有延續性的對話，而非僅止於回答「你好」。

「沒有耶，我還沒吃飯。那你吃了嗎？」「喔！我也還沒吃，你時間ＯＫ的話，

要一起吃飯嗎？」可能因此創造出共度時光的機會，也能像這樣讓對話繼續進行下去：「對啊！我今天真的快冷死了。你昨天過得如何啊？」光是添加個一、兩句話，就可以打造出與那人建立新關係的機會，何樂而不為呢？

2. 明確地表達出對於對方的關心

很會贏得他人好感的人有一個共同點，那就是除了尊重和關心對方之外，還能明確地掌握對方喜歡和不喜歡的事物，此外，他們會很巧妙地讓對方感受到。舉個例子，當問對方說：「今天想吃什麼？」時，他們會這樣回答：「除去你不太喜歡吃的生魚片之外，我大概想了三個選項……」若有人能夠清楚記得自己的喜好，還幫忙考慮得很周全，想必沒有人會討厭這種人。即使你很關心對方，也清楚記得對方的喜好，但如果不加以表達，就是徒勞無功。但也不要因此就過度展現，否則可能會有反效果。練習維持適當的界線，以恰到好處的方式來表達自己吧！這麼一來，你們的關係將會更加緊密且更加融洽。

3. 引導對方能開心地交談

在聊天時遇過最讓人討厭的類型，就是那種裝作自己什麼都知道的人，例如：「那個我知道啦……」「那個我試過了……」相反地，可以使人暢所欲言且聊得很深入的人們，通常會用：「哇！這也太神奇了吧？」「聽你這麼一說，好像真的是這樣耶！」等方式來回應，展現出對於這段對話和對方傳遞的知識的尊重。有句話說「稱讚能使鯨魚跳舞」，如果你聽到對方所說的話之後，回答道：「真的嗎？」「真令人驚訝！」「好像真的是這樣耶！」對方便會聊得更起勁、分享出更多資訊，使得這段對話會變得更深入且有價值。

4. 反應和回應，越多越好

最難對話的類型之一，莫過於那些缺乏反應和回應的人。與這類的人對話時，不禁會心生疑慮：「我剛才說錯話了嗎？」「或許我是個乏味的人？」然而，只需稍稍增加些微的回應和反應，整個對話內容就能變得更為豐富。在對話時，可以重述一次對方講的內容，如：「你的意思是這樣對嗎？」或者表示同理：「原來你當時處於那樣的處境！一定很不容易。」這些回應和積極的反應，能夠在對方心中塑造更加正面的形象。給予反應和回應絕非難事，僅需少許的用心便可做到，然而，這份努力的回報遠遠超越了你所花費的時間和精力。如果你能從現在開始善用上述的四個方法，必將獲得更多的機會和美好的緣分。

世界就像一面鏡子。

在與人建立的關係中所遇到的大部分問題，

都像鏡子一樣，

反映出我們與自己關係中所面臨的問題。

我們不需要走出去改變他人，

只要讓自己的思維慢慢產生變化，

我們與周圍人們的關係就會自動改善

——安德魯·馬修斯

PART 6

一定要切斷的
人際關係

31
擁有冷靜個性之人的特點

1. 不渴求關注

性格冷靜又乾脆的人，並不渴求他人的關注，這是因為他們對自己充滿確信。這些人的價值觀非常明確，即便是獨處的時候，也能夠充實而有意義地度過。相反地，那些無法做到這一點的人往往在人際關係中渴求關注並且依賴他人。在社群媒體上，我們經常看到一些過度彰顯自己的人，這些人表面上過著十分華麗而出色的生活，但往往炫耀慾望越強，空虛感就越深。他們依賴他人的關注，如果失去關注，就會覺得自己不被認定而難以承受。然而，擁有冷靜性格且對自己充滿確信的人，永遠不會仰賴他人的關注。無論他人作何評價，他們都相信自己，因此並不需要得到他人的認同。

2.不將別人的話曲解成負面含義

有些人會用很新穎的方式，將對方的稱讚或好意曲解成負面的含義。舉個例子，當有人說：「要幫你裝袋子嗎？」他們會回答說：「所以你本來不想幫我裝嗎？」或者當有人說：「你最近變漂亮了耶！」他們會反問說：「你是在拐彎抹角問我有沒有整形嗎？」這些人通常具有很強的被害意識，對別人總是持有敵意。這種心理狀態的源頭在於，他們常常認為自己被輕視、自己是受害者。然而，性格冷靜、善於處理人際關係的人不會多加猜疑，而是會直接給予回覆。當聽到稱讚或善意的內容時，他們會回答：「謝謝」、「託您的福」，然後努力回饋給對方更多的稱讚。因此，這些人身邊總是充滿了許多人。

3. 接受評論，忽略批判

面對有根據的評論，這些人會謙虛地接受。只有單一的人對他們提出評論，或許他們不會特別在意，但當許多人提出善意的評論時，他們會將之視為自身需改進的問題，並且竭盡全力改變。然而，當他們面對毫無根據的批判而非善意的評論時，則會選擇直接忽略。評論與批判的主要差別在於「是否有提供解決方案」。「你這個人就是不行」這句話是批判，這種說法不僅沒有提供解決方案，甚至還包含貶低和輕視對方的成分。相反地，「你這個部分可能稍有不足，要不要試著以這個方式改善看看呢？」這句話則是評論。這樣的說法不僅提供了解決方案，同時也鼓勵對方將解決方案應用在生活中，藉此過上更好的生活。具冷靜個性的人能夠清楚辨識人際互動中的評論和批判，他們會毫不猶豫地忽略批判，積極接納評論，藉此持續成長，以創造出更美好的人生。

4. 清楚表達個人觀點

這些人對於「喜歡」和「討厭」的標準非常明確，他們能夠清楚地向他人表達自己的喜好，也能夠精準地陳述自己不喜歡的事物，他們不會讓別人有機會對自己做出無禮的行為。一些人在看到這樣明確表達意見的人時，可能會感到不舒服，「那個人究竟哪來的自信？」「他怎麼那麼自以為是？」然而，這些人並非傲慢，而是坦率。光明正大地表態並非無禮，他們能夠清楚地表達自己的想法，同時也不會給他人帶來困擾。

32

在人際關係中應該放下的習性

1. 不要過度顧慮他人的眼光

過度顧慮他人觀點的人常常擔心自己的言行舉止會對對方產生什麼影響，或者對方會有何種反應。舉例來說，跟朋友一同前往披薩店，你想吃海陸雙拼披薩，但不確定對方喜歡什麼口味，於是就不敢率先表達自己的意見，不如乾脆直接這樣說：「我喜歡吃海陸雙拼披薩，你覺得如何？」或者：「這裡有半份的選項，我想選海陸雙拼披薩，你也選一種吧！」應該要明確地表達自己的看法，或者達成兩方的共識，但卻往往過度顧慮他人的觀點而不敢表態。也許是因為擔心觸犯到對方才小心翼翼，然而我們並不需要如此過生活。整天顧慮他人的眼光，就不算是度過「自己」的人生了。

2. 努力取悅所有人

正如之前所提到的，沒有人能夠滿足所有人，即便是被譽為「國民ＭＣ」的零負評藝人劉在錫，也會有人覺得他過於善良而不喜歡他；即使是一生致力於奉獻和行善的人，也會有人指責他是「沒有經濟觀念的無知之人」。因此，完全不需要努力去迎合每一個人。儘管如此，我們仍然會看到許多人努力過著迎合大眾的生活，對於這些人，我想這樣告訴他們：「與其付出十分的努力，只獲得五分的愛，倒不如付出一分的努力，卻能獲得三分的愛。無論你做什麼，討厭你的人都可能更加厭惡你；無論你做什麼，喜歡你的人依然會支持你、鼓勵你，並且守護在你身邊。」

3. 過度解讀

有些人習慣過度解讀他人的言行舉止，我以前也曾有類似的情況，當我傳送工作訊息給某人，但對方卻已讀不回時，我內心會產生各種猜想，像是：「啊！我的訊息是不是太沒有人情味了？」「我是不是太煩人了？」「那個人是不是討厭我？」然而，大多數的情況下，對方只是因為電腦呈開啟狀態，造成訊息自動已讀，並無其他特別意圖，我卻自己過度解讀。就像這樣，若過度解讀他人無意中的言行舉止，只會讓自己的生活疲憊不堪。因此，盡量不要過度分析他人的言行舉止背後所隱藏的含義，直接接受事實即可。

4. 擔心未發生的事情

我曾經遇過一位相當特別的朋友，即使我們在一起玩得很開心，這位朋友卻會突然露出憂傷的表情，沉浸在負面的思緒之中。我記得當時我問他：「你為什麼突然露出這麼傷心的表情？」他回答說：「沒什麼啦！我現在玩得很開心，只是想著現在一起愉快玩耍的朋友，未來有幾個會持續保持聯繫呢？」正如這個例子，有些人經常為尚未發生的事情感到憂心忡忡，不斷想像最糟糕的情況，這宛如因擔心出門遇到冰雹而足不出戶一樣。自己招來不幸的愚蠢行為，這種價值觀對於經營人際關係毫無幫助。請將前面提到的四點原則銘記在心，為了建立良好的人際關係，務必遵守這些原則。健全的思維將促成健全的人際關係，並且可以長久地維護下去。

人類最愚蠢的行為之一，
就是只尋找他人的缺點。

——姜鎬童

33 面對人際關係擁有成熟態度之人的特徵

1. 不好奇他人的秘密

那些懂得關懷他人、尊重他人、深受大眾喜愛且好感度極高之人的特徵之一，就是他們不會對他人的秘密抱有好奇心。有些人對於他人的秘密總是打破砂鍋問到底。這種做法可能會讓對方感到壓力，進而自然地疏遠這些人。成熟的人深知保持適當距離的重要性，這有助於建立更健康的關係。他們不僅會遵守適當的距離，也會保護對方的隱私。在隱私受到保護的情況下，人們自然會對這樣的人感激不已，進而在相互尊重的基礎上維持著健全的關係。

2. 避免雙重標準

不成熟的人會有「寬以待己，嚴以律人」的傾向，換句話說，他們往往過度評價自己，將自己的錯誤輕描淡寫為「這種事難免嘛！」而忽視它；然而，他們卻過度低估他人，當看到他人犯錯時，他們會心生疑問「怎麼會有人做出這樣的事情？」如此斤斤計較。我身邊也曾有過這樣的人，當他覺得別人走路聲音太大，就會提醒別人要安靜點，但當他自己摔破碗盤、發出更大的聲響時，卻連一句道歉都未能表示。顯然，這樣的人身邊幾乎不會有朋友，「雙重標準」就如同一種「疾病」。然而，成熟的人會率先以身作則，一旦犯錯，就會努力採取改正行動。成熟的人對待自己比對別人更嚴格、更苛刻，因此這種態度必然會引起他人的關心和尊重。

3.不讓情緒左右態度

有些人每天甚至每時每刻的情緒都不斷變動，情緒的波動或許並不是什麼大問題，但當一個人的態度受制於情緒的起伏時，情況就變得相當尷尬。在之前的公司裡，我經常需要向主管請求經費批准，然而每當主管心情不好時，我就會很害怕去找主管批准，因為主管可能會因小事發火，對我大吼，要我重新撰寫報告。但當他心情好的時候，甚至不需要看報告，他會輕拍我的肩膀說：「辛苦了！」然後直接簽字批准。因此，下屬們每天最重要的話題就是「那位主管今天心情如何」。像這樣讓自己的心情影響態度的人，只能說是業餘者。連公私分明的道理都不懂也無法做到的人，絕對不能視為成熟的大人。為了避免讓情緒左右態度，我們需要好好掌控並管理自己。

4. 不吝惜地投資時間充實自我

對於這些人而言，最重要的事情就是充實自己。他們非常清楚，只有自己穩固地站立，才能贏得他人的尊重。他們深信每個學習機會都具有價值，所有的經歷都能帶來助益，因此他們積極累積有意義的知識和寶貴的經驗，不斷拓展自我。他們的首要目標並非滿足或幫助他人，而是選擇先充實自我，讓自己成為一個大的器皿，再用自己這個大器皿容納許多人。如果我們謹記上述這四個特點，相信每個人在人際關係中都能締結更自在、更美好的緣分。

34 人際關係達人必定遵守的事項

1. 分辨無禮和坦率之間的差異

「無禮」和「坦率」之間的差異，比想像中更不容易區分。很多人經常搞混這兩者，但事實上它們截然不同。舉個例子好了。當某人說自己變胖了，無禮的人會說：「喂！你怎麼變這麼胖？都可以在地上當球滾了！臉都快炸開了。」若對方露出不悅的神情，無禮之人又會說：「像我這樣坦白一點不是更好嗎？你沒聽過震撼教育嗎？」如此合理化自己的行為。然而，坦率的人可能會小心翼翼地詢問：「你的身形感覺比之前大了一些？」然後慎重地提議解決方案：「要不要一起運動？我最近也有一點變胖，有點煩惱耶！」換句話說，無禮是單方面將自己的觀點強加在對方身上，完全不顧及對方的立場和情緒；坦率則是在考量對方的情緒和心情下，提供解決方案，希望讓狀況往更好的方向發展。讓我們自我反思一下吧！我們是否曾將「無禮」包裝在「坦率」的糖衣之中，試圖強迫對方接受呢？在提出自己的主張或想將建議傳達給其他人時，務必要分辨清楚自己是「坦率」還是「無禮」。

2. 我的情緒，由我自己負責

當我生氣時，平息情緒就是我的責任；當我因悲傷而哭泣時，止住淚水也是我的責任。然而，在人際交往上缺乏技巧的人可能會將自己的情緒傾洩給他人，使對方感受到壓力和愧疚。他們的言行舉止可能會讓對方忍不住懷疑「我是否做錯了什麼？」或者「為什麼要這樣對待我？」對方並不是他們的情緒垃圾桶。當自己感到受傷或情緒低落時，過度將這種負面情緒傳遞給他人，不啻是一種不成熟的行為。精通人際關係的達人們會清楚界定情緒的公私界線，自己心情不好是屬於個人的私事，而人際關係則屬於公事。因此，在人際關係中，他們絕不會讓情緒左右行為，因為他們深知這樣的舉動可能會對自己的形象造成致命的影響。不要忘記，若想成為人際交往的達人，首要之務就是學會對自己的情緒負責。

3.原諒他人不是爲了別人，而是爲了我自己

曾經有位朋友令我心中積怨許久，雖然我們在認識很長的一段歲月中彼此信任，共同度過了許多歡樂時光。然而，有一次他向我借錢，聲稱自己處境困難，之後卻從未歸還，我們的感情因此受到了嚴重的損害。起初，我好聲好氣地跟他說：

「我也急著用錢，是看在你的面子上才借你的，希望你能早點還錢。」那位朋友一開始有向我表達歉意，然而隨著時間的流逝，他的態度卻逐漸改變，做賊喊捉賊。他對我說：「難道我是有錢故意不還你嗎？你幹嘛這麼纏人啊？」彼此的感情因此破裂，這筆錢至今依然未能追回。在這經歷了大約一年的時間中，除了失去那筆錢之外，我也失去了一位認識許久，曾經視為非常珍貴的朋友，因此感到非常痛苦。然而，當時有位很熟的朋友對我這樣說：「希望你可以將他從心中抹去，並且原諒他。」起初，我對這番話感到憤怒，反駁他說：「這難道是原諒就可以解決的問題嗎？」然而，這位朋友後續所說的話，卻讓我不得不認同：「原諒不是為了別人，而是為了你自己。對某人充滿怨恨，到頭來只有你會苦惱而已。與其選擇怨恨，不如選擇遺忘，這樣做對你最好。」聽完他的勸告後，我的想法轉變了不少。過去我一直認為，原諒是施恩給那些傷害我的人，並且把原諒看得極其崇高。然而，我意識到原諒其實是為了自己的心靈平靜，而不是為了做錯的對方，這般想法的轉變使我能夠更輕易去原諒。因此，只要想著「原諒不是為了讓他人感到舒適，更是為了使自己變得更輕鬆」，原諒他人就會變得更加容易。請謹記上述這三點，並且應用在人際關係中。這麼一來，你將會產生驚人的改變。

我的人生經歷告訴我：
要讓所有人都滿意實在太難了，
這是現實中非常困難的事。
我們應該要放棄這種想法。

——劉在錫

35 人際關係中必須切斷的人

1. 即使明知你不喜歡，仍刻意堅持

有些人明明知道你不喜歡，卻固執地繼續進行這些行為，甚至語帶嘲諷地說：「這樣很有趣嘛！你幹嘛這樣？」「我只是開開玩笑而已，何必這麼敏感？」這些人似乎極度享受看到他人對討厭事物的反應，展現了反社會的人格特質，因此我們應該與這類人保持距離。將對方的不悅歸咎於對方過於敏感，並藉此合理化自己的行為，實在是相當不道德的舉動。

2. 散布流言蜚語的人

在求學時期，有一位同學專門散布「假消息」。舉例來說，如果A和B吵架，那位同學就會將事情誇大成「A和B動手打架了」並大肆宣傳。他不只是誇大事實，甚至還傳播假消息，內容當然會十分刺激辛辣。但曾被那位同學的話騙過的朋友們，之後就再也不相信他了。如果身邊存在這樣的人，必須採取行動將其排除掉。那些假造不良傳聞的人，不曉得會用何種方式惡意散布這些謠言，有可能會對我們的職業生涯或形象造成嚴重損害，因此我們應提前加以防範。

3.別人好不容易吐露了個人隱私或弱點，卻反而抓住對方把柄的人

每個人都有弱點，也有難以啟齒的隱私，當你好不容易鼓起勇氣，將這些事情坦承給那些你認為可信賴的人時，對方的反應通常會分為三種。第一種類型的人會同理對方、替對方感到難過並幫忙尋找解決方案；第二種類型的人雖然會用同理對方的語氣說：「原來如此！你當時一定很辛苦！」但不會有太大的情緒起伏；第三種類型的人，則會覺得自己抓到了對方的弱點，試圖進一步控制或利用對方。

4.強迫將難以認同的價值觀灌輸給對方的人

假如有人聲稱地球是平的，想必不會有人相信，因為科學已經證明地球是圓的

而不是平的。然而，仍然有為數不少的人以一種「地球絕對是平的！你必須相信！」的態度去對待他人，他們認為自己堅信的價值觀全都是正確的，並將持有不同價值觀的人視為錯誤。更甚者，他們會試圖將自己的觀點強迫灌輸給別人，例如：「喂！我說過了，地球是平的！你怎麼會不曉得這件事？給我背下來！地球就是平的！」無知的人一旦固執起來，只能用「恐怖」來形容。如果在生活中遇到上述的四種類型，一定要盡量避開。倘若無法避開，也不要花力氣與他們建立深厚的關係，因為與這些人待在一起，只會讓自己筋疲力盡、受到損失罷了。

國家圖書館出版品預行編目資料

面對無禮之人，就要比他更無禮/鄭宰熏 著；余映萱 譯.--初版.--臺北市：平安. 2024.1 面；公分. --（平安叢書；第0785種）（溝通句典；63）
譯自：무례한 사람에게 휘둘리지 않는 법

ISBN 978-626-7397-18-3 (平裝)

1.CST：人際關係 2.CST：生活指導

177.3 112021739

平安叢書第 0785 種
溝通句典 63

面對無禮之人，就要比他更無禮

무례한 사람에게 휘둘리지 않는 법

作　　者—鄭宰熏
譯　　者—余映萱
發 行 人—平　雲
出版發行—平安文化有限公司
台北市敦化北路120巷50號
電話◎02-27168888
郵撥帳號◎18420815號
皇冠出版社(香港)有限公司
香港銅鑼灣道180號百樂商業中心
19字樓1903室
電話◎2529-1778　傳真◎2527-0904
總 編 輯—許婷婷
執行主編—平　靜
責任編輯—張懿祥
美術設計—Dinner Illustration/單宇
行銷企劃—鄭雅方
著作完成日期—2022年
初版一刷日期—2024年1月
初版四刷日期—2024年6月
法律顧問—王惠光律師

讀者服務傳真專線◎02-27150507
電腦編號◎342063
ISBN◎978-626-7397-18-3
Printed in Taiwan
本書定價◎新台幣320元/港幣107元